가슴
두근거리는
삶을
살아라

가슴 두근거리는 삶을 살아라

지은이 | 마이크 맥매너스
옮긴이 | 인트랜스 번역원
펴낸이 | 김성실
기획편집 | 이소영 · 박성훈 · 김하현 · 김성은 · 김선미
마케팅 | 곽흥규 · 김남숙
인쇄 | 삼광프린팅
제책 | 바다제책사
펴낸곳 | 시대의창
출판등록 | 제10-1756호(1999. 5. 11)

초판 1쇄 펴냄 | 2004년 6월 4일
초판 10쇄 펴냄 | 2007년 11월 8일
개정판 1쇄 펴냄 | 2011년 1월 15일
3판 1쇄 펴냄 | 2013년 12월 30일

주소 | 121-816 서울시 마포구 연희로 19-1 (4층)
전화 | 편집부 (02) 335-6125, 영업부 (02) 335-6121
팩스 | (02) 325-5607
이메일 | sidaebooks@hanmail.net

ISBN 978-89-5940-278-6 (03320)

- 책값은 뒤표지에 있습니다.
- 잘못된 책은 바꾸어드립니다.

가슴 두근거리는 삶을 살아라

마이크 맥매너스 지음 | 인트랜스 번역원 옮김

시대의창

나는 내가 진짜 원하는 삶을 살고 있는 걸까?

"오늘 점심은 또 뭘 먹지? 젠장, 먹기 위해 사는 거야, 살기 위해 먹는 거야? 한 끼쯤 생략하고 살 순 없을까?"
"무슨 소리야? 다 먹고살자고 하는 짓인데…."

땡~ 12시 점심시간에 맞춰 우르르 사무실을 빠져나가는 엘리베이터 언저리에서 누구나 한번쯤 들어봤거나 입에 올렸음 직한 푸념이다. 별 생각 없이 가벼운 농담 삼아 해본 말일 수도 있겠지만 사실 여기에는 인생의 근원적인 질문이 내포되어 있다―왜 사는가? 인간은 무엇으로 사는가?

이 책의 번역 원고를 넘겨받은 나는 편집실에 웅크리고 앉아 '살기 위해' 저녁을 시켜놓고 원고를 몇 장 들춰보다가 어느 순간 밥 먹는 것도 잊어버린 채 원고 속으로 하염없이 빠져들고 말았다. 마지막 장을 덮으며 눈을 비벼보니 시간은 자정을 훌쩍 지나 있었고 '살기 위해' 시켰던 저녁밥은 이미 아까의 밥이 아니었다. 휴대폰에는 부재중 전화가 7통이나 찍혀 있었다.

멍하니 한참을 앉아 있다가 가까스로 정신을 추스르고 밖으로 나온 나는 감당하기 버거운 충격의 열기를 차가운 밤바람에 식히며 골목 사이를 건들거렸다. 이내 살아온 날들을 차분하게 돌아보면서 깊숙한 나의 내면으로부터 그동안 나 스스로를 속여온 거짓말들을 하나하나 끄집어내기 시작했다. 그리고 그 거짓말들 때문에 영영 잃어버릴 뻔했던 꿈의 리스트를 하나씩 기억해냈다.

적성에 안 맞는다며 배우다가 포기한 것들이 몇 가지던가, 소질이 없는 것 같다고 시도도 안 해본 것들은 또 몇 가지던가, 이건 정말 해보고 싶지만 지금은 중요하지 않으니 나이 들고 여유가 생기면 하자고 포기한 것들은 또 몇 가지던가. 사회에서는 이런 사람은 원하지 않아 하며 눈물을 머금고 나를 사회에 맞춰간 것은 대부분의 사람들이 그렇듯 아주 어릴 때부터였다.

내 잃어버릴 뻔했던 꿈의 리스트를 하나씩 적어보았다. 나의 꿈을 기억해내기 위하여 난 초등학교 시절까지 거슬러 올라갔다. 그리고 그런 꿈을 가지고 있던 초등학교 시절의 내가 새삼스레 그리워졌다. 그 시절 나의 꿈은 소박하고 유치하더라도 지금 사회인인 나처럼 계산적이지는 않았다. 그때의 나라면 더 솔직한 나의 모습, 더 본질적인 나의 꿈으로 나는 더 행복할 수 있었을 거다.

온밤을 하얗게 지새운 나는 문득, 갈피갈피 빨갛게 밑줄이 그어진 채 내 책장의 한 칸을 모두 차지하고 있는 처세 및 자기계발에 관한 책들에 생각이 미쳤다. 다들 한 시기를 풍미한 쟁쟁한 베스트셀러였다. 나는 그 책들을 모두 뽑아 미련 없이 폐지 수집함에 처박아버렸다. 더 이상 억지로 나를 바꾸고 무작정 목표의 크기를 키워 스스로 내 인생을 망치는 미친 짓은 하지 않기로 작정했다.

'과거를 아쉬워하지 말자'라는 좌우명과 '가장 늦었다고 생각될 때가 가장 빠른 때'라는 격언을 굳이 기억해내지 않더라도, 이 원고를 읽으면서 나는 내 인생이 지금보다 열배 백배는 더 재미있을 수 있을 거라는 생각에 신이 난다.

이 책은 나를 바꿔주는 책이 아니라 '잃어버린 나의 본질과 잊어버린 나의 꿈을 현실 속에서 되찾아주는' 책이다. 추상적이고 선언적인 교시敎示가 아니라 실천적인 각성과 체험적인 방법론이 '소스 프로그램'으로 구체화되어 있다.

내가 언제 한순간이라도 '가슴 두근거리는' 삶을 살아본 적이 있었던가? 어떻게 살아야 내가 정말로 행복할 수 있을까? 나는 정말 계속 이렇게 살아도 좋은 걸까?
궁금하다면, 망설이지 말고 이 책을 읽는 데 한 나절만 시간을 내시길 바란다.

시대의창 편집인

내 안에 숨은 강력한 '나'를 깨워라

숨어 있던 의욕의 불씨에 열을 가하는 '생각법'

이 책에서 지금부터 소개하는 '생각법'은 일반적인 사회 통념을 뛰어넘는 혁명적인 내용을 담고 있다. 이 생각법은 사고방식과 생활 방식을 근본적으로 바꿔줌으로써 당신을 인생의 진정한 주인공으로 거듭나게 해줄 것이다. 한달음에 행복의 문을 두드릴 수는 없지만 호기심과 흥미, 삶의 의욕처럼 몸 가까이에서 행복을 느낄 수 있게 될 것이다.

사람들에게 사는 보람이 무엇이냐고 물으면 대부분 잘 모르겠다고 대답한다. 분명히 알고 있을 것이라고 기대했던 사람들도 마찬가지다.

"글쎄요, 뭐라고 해야 할지…. 그저 언제부터인가 사는 걸 당연한 일로 여기게 됐어요."

"그래도 선생님은 보람을 느끼며 산다고 항상 말씀하셨잖아요. 어떻게 살아야 보람을 느낄 수 있는지 좀 더 구체적으로 가르쳐주세요, 네?" 이렇게 간곡히 부탁해도 눈을 한번 지그시 감고는 역시나 이렇게 대답한다.

"미안하지만 잘 모르겠네요. 다른 사람에게 물어보든지 세미나나 책에서 알아보는 편이 좋을 것 같습니다."

그 방법도 물론 시도해보았다. 하지만 별다른 성과가 없었기에 물어봤던 것이다. 그러나 사는 보람을 느끼지 못한다고 답했던 사람들도 질문을 바꿔서 "관심 분야가 무엇입니까?" "어떤 일을 하고 있을 때 행복합니까?" "시간 가는 줄도 모르고 뭔가에 몰두했던 적이 있습니까?" 하고 물으면 말이 끝나기가 무섭게 눈을 반짝이며 이야기하기 시작한다.

마음속에 감춰진 의욕의 불씨에 열을 가하는 힘, 그 힘의 비밀을 밝히기 위해 나는 지금까지 35년이라는 세월을 바쳤다. 그리고 이 비밀을 '근원'이라는 의미에서 '소스Source'라고 이름 붙였다. 이것은 흥미와 호기심의 원천이며 의욕이 샘솟는 근원지이자 기적의 샘이기 때문이다.

소스는 모든 허울을 벗어던지고 본연의 모습으로 돌아가 어릴 때 느꼈던 삶의 의욕을 되찾고 나아가 인생의 진정한 목적지에 도달하기 위한 방법론이다. 소스는 모든 사람의 마음의 문을 여는 열쇠다. 또한 소스는 사람들에게 자신의 본질을 깨우쳐준다. 사람들은 비밀을 푸는 열쇠가 되는 일련의 질문들과 차례로 만나면서 마음속 깊은 곳에 잠들어 있던 욕구를 깨닫게 되고 그 욕구들을 하나둘씩 채워나가는 방향으로 인생의 밑그림을 그려나가게 된다. 단, 이런 작업은 한 번으로 끝나지 않는다. 인간은 여러 가지 요소로 이루어진 복합체로서 생활의 '모든' 부분에서 언제나 크고 작은 꿈들을 갖게 되기 때문이다.

　내면의 목소리에 귀를 기울이면서 이 작업을 계속해나간다면 결국 자신이 상상하는 최고의 인생과 만날 수 있게 된다.

스스로에게 물어라

- 당신의 재능과 기술은 아무런 문제가 되지 않는다.
- 뭔가를 달성하려고 억지로 의욕을 일으킬 필요는 없다.
- 능력이 성공과 실패를 가르는 절대 기준이 될 수 없다.
- 결단을 내리기에 앞서 한참을 망설이는 것은 바람직한 자세다.
- 당신의 꿈은 모두 이루어진다.
- 정말 좋아하는 일이라면 절대 포기하지 마라.
- 목표를 세우기보다 삶의 방향을 결정하는 것이 훨씬 중요하다.
- 하고 싶은 일이 있을 때 시간을 핑계 삼지 마라. 그것이 무엇이든 시간은 충분히 주어진다.
- 간절한 바람이 있을 때 그것이 소망임을 확신하고 시종일관 그것만을 생각한다면 그 바람은 반드시 이루어진다.

당신은 이 말에 동의하는가? 이것이 사실이라면 당신은 앞으로 어떻게 할 것인가?

그동안 우리는 세상의 눈을 너무 의식한 나머지 직관을 무시하고 독창적인 발상을 억누른 채 살아왔다. 여유 있고 느긋한 생활도, 자신에게 어울리는 삶의 방식도 잊고 있었다. 이것은 본인뿐 아니라 사회적으로도 큰 손실이다. 많은 사람들이 마음의 만족을 모르고 살면서 인생의 회의를 느끼고 불안과 초조 속에서 살기 때문이다.

이와 같은 삶의 방식을 바꾸기 위해서는 지금이라도 정말 하고 싶은 일이 무엇인지, 어떤 것에 마음이 끌리는지 스스로 각성해야 한다. 다시 말해 자신의 내부에서 자연스럽게 생겨난 호기심을 좇아 '본래의 모습'을 회복해야 한다. 그러나 이런 호기심과 충동은 누구나 마음속에 간직하고 있지만 보통은 이성과 변명의 그늘에 숨겨져 무시되기 일쑤다.

본래의 모습을 되찾기 위해서는 마치 어린아이처럼 몸과 마음이 흥미와 호기심을 좇아 움직여야 한다. 태어나면서 자연스럽게 갖게 되는 이런 흥미와 호기심을 중심으로 삶의 방식을 설계해나가면 분명 당신도 당신의 소스에 도달할 수 있을 것이다. 즉, 사회생활을 하면서 생기는 모든 정보와 인간관계가 이루어지기 이전의 상태인 '기적의 샘'에 이르게 되는 것이다. 소스를 기적의 샘이라고 부르는 까닭은 그 안에서 이성과 좌뇌의 논리로는 설명할 수 없는 결과가 일어나기 때문이다.

소스를 발견한 사람은 현재의 생활에서 만족을 얻는다. 자신과 상관없는 일을 멀리하게 되고 호기심을 억누를 필요도 없다. 마음속 충동을 무시하는 일이 없으므로 표정이 살아 있다. 직관을 무시하지 않기 때문에 고민을 해결하는 방법이 자연스럽게 마음속에 떠오른다. 또 인생의 각 분야에서 하고 싶은 일이 무엇인지 확실히 알게 되고 명확한 목적의식과 의지, 정열을 갖게 되므로 모든 의무가 기쁨으로 바뀐다.

소스에서 잉태된 일에는 자신의 재능을 최대한 살릴 수 있다. 최고의 모습, 최고의 힘을 발휘하여 일을 하기 때문에 자기 자신은 물론이고 가족과 친구, 나아가 사회에까지 공헌할 수 있게 되는 것이다. 이를 위해서는 지금까지 갖고 있던 가치관을 버리고 지성과 정신력을 다른 형태로 재구성할 필요가 있다. 인생에서 무엇을 성취할 것인가에 대한 전혀 새로운 비전이 필요하다는 말이다.

은빛 레일의 꿈

지금도 잊히지 않는 기억이 있다. 웨스턴 시애틀 고등학교 4학년일 때, 나는 한편으로는 졸업을 바로 앞둔 기쁨에, 다른 한편으로는 미래에 대한 불안감에 휩싸인 채 선로 위를 걷고 있었다. 어릴 적부터 기차를 굉장히 좋아했던 터라 마음이 복잡할 때는 선로 위를 걸으며 생각을 정리하는 버릇이 있었다. 어린 시절에 숙부를 따라간 위스콘신 주 마지슨 시 부근에서 기차를 처음 보았다. 그곳에서는 대형 증기기관차가 굉음을 내면서 지나가는 광경을 언제나 볼 수 있었는데, 기적 소리와 함께 지평선 멀리 기차가 모습을 드러내고 거대하고 새까만 차체가 땅을 진동하면서 다가오면 내 마음속까지 강렬한 느낌이 전해져 왔다.

졸업을 목전에 둔 시점에서 나는 여느 때처럼 선로 위를 걸으며 복잡한 심정을 정리하고 있었다. 무한한 가능성이 있는 미래에 대한 희망과 기대도 컸지만 마음 한편에는 불안감과 출세에 대한 부담이 내 어깨를 무겁게 했다.

'앞으로 무엇을 해야 할까?'

나를 걱정해주는 사람들의 진심어린 충고들이 차례로 머릿속에 떠올랐다.

"무슨 일이든 책임감을 갖고 해라" "세상에는 해야 되는 것과 해서는 안 되는 것, 현실적인 것과 비현실적인 것이 있다" "제대로 된 직업을 선택해서 열심히 돈을 벌어라, 결혼해서 자식도 낳고, 사회에서 어느 정도 출세도 해야겠지?" 등등.

과연 나도 그런 생활을 꿈꾸는가? 고개를 들고 선로를 바라보았다. 은빛으로 빛나는 레일이 저 멀리 한 점에서 만나고 있었다. 물론 눈의 착각이다. 레일이 하나로 될 리는 없고 그렇게 보일 뿐이었다. 나는 계속해서 걸었다. 발밑의 자갈을 보면서 걷다가 언뜻 고개를 들자 레일이 햇살을 받아 반짝이고 있었다. 따뜻한 햇살이 얼굴을 간질이고 지저귀는 새소리가 나뭇잎 사이사이로 넘쳐났다. 사람들의 그림자는 찾아볼 수 없었다. 그곳에는 완전한 자유가 있었다. 그 순간 내 머릿속에서 '그래, 바로 이거야!' 하는 외침이 들렸다.

은빛 레일. 모든 것이 하나로 집중되는 저 지평선의 한 점. 그것은 내 꿈이었다. 그것을 어떻게 해서든 손에 넣고 싶다고 생각했다. 몸의 밑바닥으로부터 깊은 감동이 북받쳐 올라와 가슴이 두근거렸다. 미래에 대한 무한한 희망이 보였다. 실현 불가능한 꿈, 절대 하나가 될 수 없는 레일이 한 점에서 만났다. 레일 위를 걸으면서 그것이 하나가 되는 순간을 경험했다. 꿈이 실현되는 순간을 체험한 것이다.

당시 나는 알 수 없었지만 선로 위를 걸으면서 겪었던 그 체험은 이후의 내 인생을 변화시켰고 그 결과 소스를 만날 수 있었다. 그리고 앞으로 소개할 소스 생각법을 사람들에게 가르치게 되었고 이 책을 집필하기에 이르렀다.

당신의 마음이 움직이는 대로 따라가 소스를 찾아라

우리들은 현재 변화와 혼돈, 그리고 새로운 가능성의 시대를 살고 있다. 사람들은 인생에 깊은 의미를 두면서 자기만의 삶의 방식을 찾길 갈망한다. 지금은 본연의 모습으로 돌아가 삶에 대한 의욕과 활력, 창조에 대한 욕구를 회복하는 것이 무엇보다 절실한 때다.

더 이상 하고 싶지 않은 일을 하려고 애쓰지 말자. 이것도 저것도 아닌 방황 속 인생을 살아갈 필요도 없다. 매일 고군분투하며 살아온 대가로 얻게 된 주체하기조차 힘든 피곤한 생활도 이제는 그만두자. 남들에게 보여주기 위한 가식적인 생활과도 작별을 고하자. 마음의 만족을 얻지 못하는 일을 계속하면서 괴로워할 필요도 없다. 자신의 존재 의의를 발견하고 감춰진 정열을 되살리자. 그동안 주위 사람들의 기대와 그릇된 믿음이 우리들의 자연스러운 욕구를 억눌러왔다. 세상에 넘쳐나는 잘못된 편견에서 눈을 뜨고 자아가 무엇을 원하는지 재발견해야 한다.

소스를 발견한 사람은 끊임없이 배우고 실천해야 한다. 그것만으로도 인생은 충분히 행복할 것이다. 내 안에 숨겨진 '강력한 나'를 끌어내는 법을 배우면 그 힘을 인생과 일, 인간관계에 응용할 수 있다. 정말 하고 싶은 일을 하면서 보람을 느끼고 사회에 공헌할 수 있는 또 다른 자아가 바로 당신 안에 있다. 하얗게 타들어가는 잿더미 속에서 되살아나는 불사조처럼 그것은 다시 밖으로 나와 인생의 주인공으로 거듭나길 간절히 원하고 있다.

이 책은 당신이 평생 활용할 수 있는 실천적인 인생의 길잡이로서 일과 가정, 애정 문제 그리고 무엇보다 스스로에게 깊은 만족을 줄 수 있는 여러 가지 방법을 소개하고 있다. 이 책은 당신만을 위해 고안된 독특한 인생 여정이며 여행지와 볼거리를 결정하는 것은 모두 당신 자신이다.

이 책은 인생의 변화를 원하거나 마음을 강하게 움직여줄 뭔가를 찾고 있는 사람들을 위해 쓰였다. 어린아이처럼 자신의 꿈을 다시 좇고 싶은 사람, 지평선 저 멀리 들려오는 기적 소리에 귀 기울이는 사람, 기차 레일에서 희망과 가능성을 보는 사람, 이런 이들을 위해 이 책은 쓰인 것이다. 부디 많은 사람들이 이 책을 통해 자신의 소스를 발견하고 인생의 여정을 즐겼으면 하는 바람이다.

마이크 맥매너스

차례

소스 프로그램이란?

마이크 맥매너스는 자신의 인생이나 다름없는 소스를 세 가지 형태로 남겼다. 첫 번째는 마이크 맥매너스가 쓴 이 '책'이다. 두 번째는 그가 몇 년 동안 "문제 학생"이나 대기업 사원 들을 비롯하여 정년퇴직 및 정리해고 대상자 등을 통해 놀랄 만한 성과를 거둬온 '워크숍(세미나)'이다. 그리고 세 번째는 워크숍의 내용을 누구나 손쉽게 활용할 수 있도록 만든 '셀프 스터디 키트'이다. 이 세 가지를 소스 프로그램이라고 한다.

이 프로그램들을 모두 경험할 수 있다면 더할 나위 없이 좋겠지만, 이 책에 소개된 내용만으로도 소스에 대한 이해를 높이고 소스를 생활에 효과적으로 적용하는 데 손색이 없다. 이 책에는 꿈을 통해 인생에 활력을 불어넣고, 또 변화시키는 소스의 모든 과정이 빠짐없이 담겨 있다. 이 책은 직장인, 기업인, 주부, 취업 준비생, 그리고 은퇴를 앞두었거나 인생의 동반자를 찾고 있는 사람 들에게 간단하면서도 매우 영향력 있는 지침서가 될 것이다.

1 당신 안에
숨어 있는
기적의 힘

1
꿈을 향한 열정은
기적을 만든다

워싱턴 대학 교육대학원에서 아동교육을 전공하고 있을 때의 일이다. 당시 나는 중학교에서 이른바 "문제아"라고 일컬어지는 학습 부진아들의 재교육에 특히 관심이 많았는데, 논문을 준비하던 중 새로운 학습법이 하나 떠올랐다. 결석 일수가 많고 성적과 품행이 좋지 않은 중학교 3학년 학생들만 모인 학급을 만들어 특별한 방법으로 가르치면 어떨까 하는 생각이었다(미국의 중학교 3학년은 한국의 중학교 2학년에 해당하는 중학교 과정의 최종 학년이며 미국에서는 대개 8학년이라고 부른다. 워싱턴 주에서는 초등학교가 5년제, 중학교가 3년제, 고등학교가 4년제다). 그러던 어느 날 나는 시애틀에 있는 모건 중학교의 교장을 만나서 내 생각을 설명하고 협조를 구했다. 여느 학교와 마찬가지로 이곳에서도 "문제 학생"들 때문에 상당히 골머리를 썩이고 있었다.

"좋습니다. 큰 기대는 안 하지만, 한번 믿어보죠."

오랜 생각 끝에 교장은 그 교육안을 받아들였다. 다음으로 나는 3학년 교사들을 만나 학급에서 애먹이는 문제 학생들을 맡겨달라고 부탁했다. 처음에 회의적이던 교사들도 교실의 골칫거리들과 당분간 부딪히지 않아도 된다는 생각에서 내 계획에 동의하게 되었다.

내가 맡게 된 학생들은 남녀 각각 10명씩 모두 20명이었는데 대부분이 낙제를 했거나 잦은 결석으로 수업 일수가 모자라 유급된 상태였다. 그래서 실제 나이는 보통의 중학교 3학년보다 많았다. 나는 어디에서부터 손을 대야 할지 난감했다. 아이들은 제멋대로 폭력을 휘둘렀고 자기만의 세계에 푹 빠져 교사의 말은 들으려고 하지도 않았다. 그들에게 규칙이나 학업은 아무 의미가 없는 듯했다. 그들은 사회라는 거대한 톱니바퀴와 맞물리지 못하고 겉돌기만 하는 소외된 톱니바퀴 같았다. 그러나 나는 학생들을 그런 편견의 눈으로 보지 않으려고 노력했다. 그들은 단지 현재의 교육 환경에 적응하지 못하고 있을 뿐이었다. 아니, 학교에서 그들이 원하는 뭔가를 찾을 수 없기 때문에 더욱 방황하는 것이었다. 내 임무는 학생들의 관심사에 대해 듣고 그들이 그 꿈을 키워나갈 수 있도록 도와주는 것이었다.

우선 '다른 사람의 이야기를 잘 듣는다' '폭력을 휘두르지 않는다' '교실 안에서 서로 헐뜯거나 다른 사람에게 욕하지 않는다' 등의 기본 규칙을 만들었다. 그 이외의 세세한 교칙은 아예 무시하기로 했다. 교사가 일방적으로 지식을 주입하는 교육 방법과 형식적인 커리큘럼도 없앴다. 나는 반역 학생들을 따르는 반역 교사가 된 것이다. 1963년 당시에는 개개인의 학생들이 독자적인 교재를 가지고 자유로이 공부하는 열린 교육의 의미가 점점 빛을 잃어가고 있었다. 오히려 체제에 순응하지 않는 위험한 발상이라고 여겼다. 그러나 내 목적은 어디까지나 학생들에게 꿈을 찾아주는 것이었다.

그러면 커리큘럼을 어떻게 정할 것인가? 나는 며칠 밤을 고민했다. 때때로 집 근처의 선로 위를 걸으면서 생각을 정리하기도 했다. 지금까지의 학교 교육과는 근본적으로 다른 방법을 찾아야 했지만 법률상의 제한도 무시할 수 없었다. 1년 동안 일정 시간의 국어, 수학, 역사, 사회, 작문 그리고 언어 표현을 가르쳐야 했기 때문이다. 그래서 각자의 취미와 관심사를 중심으로 한 커리큘럼을 만들었다.

나는 학생들의 논문과 숙제를 채점하지 않기로 했다. 물론 시험도 없을 것이다. 성적은 학기말에 학습 태도와 노력을 가지고 평가하며 학생의 과거 성적표도 일절 보지 않기로 했다. 학생에 대해 쓸데없는 선입견을 갖고 싶지 않았기 때문이다.

그리고 마지막으로 다음과 같은 지도 방침을 세웠다.

● 지도 방침과 그 이유

- 교실 안에서 서로 헐뜯거나 다른 사람에게 욕하는 것을 금지한다.
  → 서로에게 필요한 것은 칭찬이지 비난이 아니다.
- 과거의 성적표를 보지 않는다.
  → 학생에게 선입견을 갖고 싶지 않다.
- 학생의 논문과 숙제를 채점하지 않는다. 학기말의 성적은 학습 태도
  와 노력으로 결정한다.
  → 성적은 정신적 스트레스가 되고 나쁜 성적은 열등감을 심어준다.
- 시험을 보지 않는다.
  → 시험은 학습에 도움이 되지 않는다. 시험 내용은 곧 잊어버린다.
- 문장을 빨간펜으로 정정하지 않는다.
  → 빨간펜은 비판의 심벌로 자신감과 열의를 꺾는다.
- 수업은 둥그렇게 둘러앉아서 하며 학생과 교사 모두 이름만 부른다.
  → 집단의 일원임을 알게 함으로써 일체감을 불어넣는다.
- 나는 교사가 아닌 학습자의 한 사람이다.
  → 학생에게 자립심과 책임감을 심어준다.
- 학생이 발표한 관심사를 그 학생의 커리큘럼에 포함시킨다.
  → 관심 분야가 불씨가 되어 다른 과목의 학습에도 도움을 준다.
- 결코 학생과 그 학생의 성적을 비판하지 않는다. 학생에게 자신감을
  주는 칭찬만 한다.
  → 칭찬은 사람을 긍정적으로 변화시킨다.

처음 2주간은 서로에 대해 알기 위해 전원이 빙 둘러앉아 돌아가면서 자신의 관심사를 이야기했다. 나도 내 취미와 관심사에 대해 말했다. 그래도 학생들은 좀처럼 입을 열지 않았다. 억지로 시키기도 하고 그냥 지나치기도 하는 등 수업이 쉽지 않았다. 그러나 며칠 후, 마음을 굳게 닫고 있던 학생들도 그들이 어떤 말을 하든지 내가 비판하지 않는다는 사실을 알게 되자 조금씩 달라지기 시작했다. 다른 사람들에게 자신의 꿈을 이야기하는 것이 얼마나 즐거운 일인지도 알게 되었다. 그것은 주입식 교육만을 받던 지금까지의 교실에서는 맛볼 수 없던 즐거움이었다.

스티브는 전교에서 가장 난폭한 아이였다. 개교 이래 이런 학생은 처음이라며 사람들이 비난하면 할수록 위협과 구타를 일삼는 스티브의 횡포는 날로 더해갔다. 몸속에서 분노, 노여움, 과격, 잔학성이 부글부글 끓어올라 작은 불씨만 보이면 어김없이 폭발했다. 스티브는 학생들에게(사실은 내게도) 두려움 그 자체였다. 그래도 나는 스티브의 내면에 오랜 세월 뿌리 깊게 자리하고 있는 불만을, 돌파구를 만들어 발산시킨다면 그의 폭력도 어느 정도 수습될 것이라 믿었다. 그러나 스티브는 오랫동안 마음을 굳게 닫고 자신의 관심사에 대해 아무 말도 하지 않았다. 그저 좋아하는 것이 없다고만 했다. 그러던 어느 날, 스티브는 지금까지 누구에게도 털어놓지 않던 자신의 꿈에 대해 이야기했다. 스티브의 장래 희망은 프로 복서지만 가족과 친구들로부터 바보라는 소리를 듣게 될 것이 두려워서 계속 숨겨왔다고 했다.

"복서라니, 앞으로 어떻게 먹고살려고 그래? 내가 너를 권투 선수 시키려고 학교에 보낸 줄 알아?"라고 부모님에게도 비난받을 게 뻔하다고 믿고 있었다. 그러나 누구도 좋아하는 것을 억지로 바꿀 수는 없다. 스티브는 프로 복서가 되는 일 외에는 어디에도 관심이 없었다. 다른 것은 아무래도 좋다고 생각했다. 그래서 나는 스티브에게 교과서 대신 《복싱》이라는 월간지를 주었다. 그 밖에 교재는 하나도 없었지만 그는 불평하지 않았다. 학교에서 당당하게 복싱 잡지를 읽을 수 있다는 사실 하나만으로도 더없이 기뻤기 때문이다. 스티브는 미국의 프로 복싱사를 공부하면서 역사를 배웠다. 대수학과 기하 시간에는 링의 면적을 계산하는 등 링의 모형을 가지고 수학을 공부했다. 그리고 복싱에 대해 글을 쓰거나 발표를 했고 잡지에 나온 단어의 철자를 익히면서 공부한 끝에 필수과목을 모두 이수할 수 있었다. 스티브가 공부한 내용을 자신 있게 발표하는 모습을 보고 나는 감동을 받았다. 그는 학생들을 위협하거나 시끄럽게 욕할 때 말고는 사람들 앞에서 이야기를 해본 적이 없는 학생이었기 때문이다. 모든 것이 복싱이라는 폭력의 배출구를 찾아낸 덕분이었다. 더욱 놀라운 것은 스티브가 교실 안팎에서 다른 사람들과 잘 지내게 되었다는 사실이다.

그는 졸업하고 복서의 꿈을 좇았다. 물론 생각보다 훨씬 힘들고 고되었지만 가장 좋아하는 일을 하고 있다는 사실이 폭력과 파괴의 그림자에서 그를 지켜주었다. 몸속에서 솟아오르는 열정을 가슴에 품고 혹독한 훈련도 잘 견뎌냈다. 이렇게 스티브는 존재의 가치와 만족감을 느끼면서 자신의 인생을 손에 쥘 수 있었다. 나중에 그가 결혼해서 아이 아빠가 됐다는 소식을 듣고 나는 가슴 깊숙한 곳에서 북받쳐오르는 감동을 느꼈다. 내가 처음 본 스티브의 모습은 형무소에나 어울릴 법한 난폭한 문제아였기 때문이다.

줄리의 관심은 오로지 남학생들에게 쏠려 있었다. 그래서 나는 그녀에게 이성 관계에 대해 공부해보라며 틴에이저 잡지를 교재로 주었다. 복도에서 남학생을 쳐다보며 수군거리기를 좋아하던 줄리는 얼마 되지 않아 많은 사람들 앞에서 연애와 결혼에 대해 당당하게 연설할 수 있게 되었다. 남녀 관계를 객관적으로 바라볼 수 있는 눈이 생기면서 연애에 대한 이해도 깊어졌다. 그녀는 학급 회의 시간에도 항상 돋보이는 의견을 제시하며 결론을 멋지게 마무리지었다. 카운슬링의 기초를 배우기 시작한 것이다. 그러나 무엇보다 중요한 것은 그녀가 즐겁게 학교를 다니게 되었다는 사실이다.
　제이드는 선원이 되는 것이 꿈이었다. 그래서 선원용 매뉴얼을 교재로 선택했다. 그는 하루빨리 선원이 되기 위해 공부를 시작했고 그것을 발판으로 무역업에도 관심을 갖게 되었다.
　다나는 자신의 가게를 갖는 것이 목표였기 때문에 중소기업청에서 자료를 가져와 교재로 삼았다. 거기에는 사업을 어떻게 시작해야 하는지, 사업을 정상 궤도에 올려놓기 위해서는 무엇을 해야 하는지 등이 자세하게 설명되어 있었다.

제인은 학교 공부가 살아가는 데 아무런 도움이 되지 않는다고 생각하는 학생이었다. 그녀는 졸업 후 일찍 결혼해서 아이를 낳아 잘 키우고 싶다고 했다. 그래서 나는 가정과의 교과서를 가지고 결혼, 육아, 가사와 부부 관계에 관한 커리큘럼을 만들어주었다.

그들은 좋아하는 것에 대해 작문을 하면서 단어의 철자를 익혔다. 자신감을 얻은 학생들은 사회 과목도 어렵지 않게 공부할 수 있었다. 중학교 3학년은 봄 학기에 헌법과 권리장전에 관한 일괄 테스트를 치러야만 했다. 그때 나는 미국 헌법과 권리장전의 내용을 무리하게 암기시키는 대신, 헌법과 권리장전이 그들의 인권을 어떻게 보호해주는지 조사해오는 과제를 내주었다. 그들은 항상 주위 사람들로부터 무시와 따돌림 등의 부당한 대우를 받아왔기 때문인지, 자신들의 권리를 어떻게 해야 지킬 수 있는지에 대해 남다른 열정으로 파고들었다. 결과는 대만족이었다. 우리 학급은 다른 학급의 학생들보다도 높은 평균점을 받았다.

나는 대학원 석사 논문의 일환으로 학생들의 전년도 교사들, 교장, 교육위원장, 카운슬러, 학부형에게 수업을 참관시킨 뒤 설문지 작성을 부탁했다. 수업을 지켜본 사람들은 수업 시간에 크게 떠들거나 언제나 입을 꼭 다물고 앉아서 어떤 반응도 보이지 않던 학생들이 수업에 적극적으로 참여하는 모습을 보고 깜짝 놀랐다. 학생들은 교단에 서서 급우들에게 무언가를 설명하기도 하고 자신의 꿈을 주제로 발표하기도 했다. 평가는 결과와 상관없이 오로지 학습 태도와 노력만을 보고 이루어진다는 방침을 모두 알고 있었기 때문에 발표하는 학생들의 얼굴에도 열의와 생기가 넘쳐났다.

3학년 마지막 날, 나는 학생들에게 성적표를 나눠주었다. 성적란은 비어 있었지만 석사 논문 때문에 출결사항은 체크하고 있었다. 그런데 1학기와 2학기 모두 한 사람의 결석자도 없었다. 나는 감탄하지 않을 수 없었다.

"보세요, 놀랍지 않아요? 모두가 한 번도 결석하지 않았어요. 처음 만났을 때 여러분은 수업을 너무 빼먹어서 징계 직전이었습니다. 혹시 누가 출석부에 손을 댔나요?"

마침 그때 스티브가 손을 들었다.

"아니에요, 마이클. 그동안 아무도 결석하지 않았어요."

"정말 놀랍군요. 여러분 중에는 16세가 넘은 사람도 있을 거예요. 법률상 의무교육은 16세, 중학교 3학년까지이기 때문에 그렇게 되면 학교에 오지 않아도 상관없습니다. 그래서 3학년이 되면 어느 학급이나 결석생이 증가하죠."

"마이클, 우리는 수업에 빠질 수가 없었어요."

스티브가 의미 있는 미소를 지으며 말했다.

"왜지요?"

"그건 이곳이 재미있기 때문이죠."

다른 학생들도 소리를 지르면서 맞장구를 쳤다. 무엇이 재미있다는 말인가? 수업을 통해 스스로 재능을 발견하고 꿈을 키워나가는 방법을 터득했기 때문이다.

실험은 대성공이었다. 생각보다 월등히 좋았다. 기존의 학교 교육에서 개개인의 꿈과 재능 따위는 중요하지 않다. 오히려 한 사람한 사람의 개성은 주입식 교육에서 방해만 될 뿐이다. 물론 처음부터 이런 결과를 기대하고 이 특별한 학급을 맡은 것은 아니었다. 그저 함께 배우고 함께 성장해간다는 느낌으로 소신껏 그들을 가르쳤다. 생각해보면 참 간단했다. 학생들 각자의 관심사를 중심으로 개인의 커리큘럼을 만들어준 것밖에는 없었다. 그런데 그것이 마음속에 잠재되어 있던 목적의식과 열정의 물꼬를 열어 기적을 만들어낸 것이다. 정말로 꿈을 향한 열정에는 기적의 힘이 들어 있다. 교사가 학생을 다그칠 필요도 없다. 하고 싶은 공부를 하면 자연히 열정이 생겨 부모와 교사가 억지로 시키지 않아도 기쁘게 수업에 참여할 수 있게 된다.

이 학생들은 얼마 전까지 문제아와 낙제생이었다. 아직도 그렇게 보이는가? 이들은 외부의 압박으로부터 자신을 방어하는 일에 서툴렀을 뿐이었다. 오히려 이 학생들의 모습은 현대사회의 비뚤어진 교육관을 반영하고 있었다. 개인의 관심과 호기심을 전적으로 무시하고 하나같이 똑같은 교과 과정을 강요하는 이런 학교에서 어떻게 창조적이고 행복한 인간을 육성할 수 있겠는가? 내가 맡은 학생들이 계속 평범한 교육만 받았다면 그들은 평생 동안 재능과 능력, 의욕을 발산하지 못한 채 살아갔을지도 모른다. 누구나 마찬가지다. 아이들은 가공되지 않은 다이아몬드 원석과 같다. 그들의 잠재적 능력을 일깨우는 열쇠는 스스로 하고 싶은 공부를 할 수 있도록 내버려두는 것이다.

이 방법이 교육 현장과 마찬가지로 일반 사회에서도 통할 수 있을까? 직업 선택에도 도움을 줄 수 있을까? 다음 장에서 그 답을 찾아보자.

2
균형을 잃은
인생

균형을 잃은 인생

1972년, 나는 워싱턴 주 시애틀에 있는 퓨젓사운드 대학에서 행정 관리학을 가르친 적이 있다. 학생들은 시애틀 시경과 시애틀 근교인 킹 카운티에 근무하는 경찰관과 보안관 들이었다. 7주에 걸친 수업 기간 동안 나는 경찰관의 일과 생활에 대해 우연히 듣게 되었는데, 그들 가운데 이혼하거나 이혼 소송 중에 있는 사람이 대단히 많다는 사실을 알고 적잖이 놀랐다. 나중에 안 일이지만 경찰관의 이혼율은 다른 직종에 비해 높은 편이라고 한다. 그러나 내가 더욱 놀라고 흥미를 가진 부분은 그것만이 아니라 경찰관들의 생활이 비정상적으로 불균형적이고 본인들도 그것을 피부로 느끼고 있다는 점이었다. 흔히 경찰관이라고 하면 사회 구성원 가운데 정서적으로 가장 안정된 사람들로 이루어진 집단이라 생각하기 쉽지만 실제는 전혀 다르다. 업무에서 오는 스트레스가 말할 수 없을 정도로 많기 때문이다.

경찰관은 근무시간이 길고 야근도 잦은 편이다. 우범 지역에서는 매일 밤 흉악 범죄가 끊이지 않고, 부부 싸움이나 교통 위반 단속 같은 가벼운 소요도 언제든지 폭력 사태나 살인 사건으로 발전할 가능성을 안고 있다. 게다가 이렇게 위험한 일을 하고 있지만 사회적인 대우는 기대에 미치지 못한다. 존경하기는커녕 오히려 불신하고 경찰관에게 반항하는 시민들까지 있다. 직업에서 느껴지는 씩씩함과는 반대로 그들은 누적된 피로와 상처를 안고 힘겨운 나날을 보내고 있었다. 또 민생 치안을 위해 밤낮없이 노력하는 동안, 정작 그들의 가정은 금이 가고 있었다. 모두 일에 쫓겨 생활의 균형을 잃어버린 결과다.

나는 수업 시간에 삶의 질을 개선하고 일의 만족도를 높이기 위한 새로운 방법들을 제시했다. 그러자 경찰관과 보안관들의 생활에 많은 변화가 생겼다. 어떤 사람은 부보안관직을 그만두고 대학교의 경비과에서 교육 훈련 담당자로, 또 어떤 사람은 흉악 범죄가 많은 시애틀 시경을 떠나 북쪽에 있는 스노호미시의 보안관으로 근무하게 되었다. 민간 기업으로 이직한 사람도 많았고 그중에는 사업을 시작한 사람도 있었다. 혹은 경찰서에 남아 부서만 옮긴 사람도 있었다. 그들 중 다수는 생활의 균형을 되찾았고 부부 관계도 개선되었다. 그리고 지금까지 생각지 못했던 자신의 가능성에 눈을 뜨면서 한쪽으로 치우친 인생의 불균형을 줄일 수 있게 되었다.

불균형한 생활은 비단 경찰관만의 일이 아니다. 일명 산업 전사로 불리는 샐러리맨 역시 과다한 업무와 잦은 접대로 귀가 시간이 늦어지면서 자녀의 잠든 얼굴만 볼 수 있을 뿐이고 상사의 호출로 일요일까지 반납하다 보면 어느새 가족과의 유대감은 온데간데없이 사라진다.

또 전업주부들은 어떤가. 자나깨나 가족 뒷바라지에 한시도 편할 날이 없다. 남편의 출세와 자녀의 진학을 인생의 목표로 두고 거기에서 보람을 찾으려고 한다. 하지만 이것은 매우 위험한 생각이다. 자신 이외에 다른 사람의 성공을 기대하며 살다 보면 반드시 무리가 뒤따르고 당사자도 부담을 느끼게 된다. 자기 자신을 소중하게 여기지 않는 삶, 이것도 불균형한 생활이라 할 수 있다.

오늘날 이혼과 가정 폭력 등으로 보이지 않는 곳에서 가정이 점점 붕괴되고 있다. 회사를 퇴직하자마자 아내가 갑자기 이혼을 요구한다거나 자녀의 비행으로 가족 간의 유대가 무너지는 일을 막으려면 평소에 자신을 지탱해주고 있는 가족, 친구들과의 관계를 돈독하게 다지려는 마음가짐이 필요하다.

당신은 얼마나 균형 잡힌 생활을 하고 있는가?

화목한 가정과 건강한 몸이 있고 스트레스에 잘 대처할 수 있다, 생활하는 데 곤란하지 않을 정도의 수입이 있어 자신이 정말 하고 싶은 것을 마음 편히 즐기면서 살 수 있다, 일에도 몰두할 수 있다, 게다가 함께할 친구가 있고 자신의 일과 행동이 많은 사람들에게 기쁨을 줄 수 있다. 이러면 얼마나 이상적인 인생인가!

소스 프로그램에서 열정과 더불어 균형을 중요시하는 것도 바로 이런 이유에서다. 현대 사회 같은 치열한 경쟁 사회에서는 살아남기 위해 일을 최우선으로 여기는 라이프 스타일을 갖기 쉽다. 하지만 일과 가정의 균형이 깨지면 이혼과 불륜, 비행과 질병 등 생각지 못한 장애가 나타나면서 일 그 자체에도 악영향을 미치게 된다. 최근 실업과 사업 실패를 비관한 중장년층의 자살이 증가하고 있는데 이런 일이야말로 균형을 잃은 생활이 빚어낸 최악의 결과다. 균형을 잃은 인생은 어느 한쪽에만 치우쳐 가장 중요한 것을 잊고 살기 때문에 허송세월하기도 하고 뜻하지 않은 불행을 만나기 쉽다. 현재 당신의 생활은 어떤가?

지금부터 일과 가정, 라이프 스타일에서 스스로 얼마나 균형을 유지하고 있는가를 알아보는 테스트를 소개한다. 이 테스트는 모두 50개의 질문으로 이루어져 있다. 과거 1년간의 생활이 당신의 마음속에 어떻게 비춰지고 있는지 알 수 있다. 답을 선택할 때 중요한 것은 첫 느낌이다. 질문을 읽으면서 깊이 생각하거나 분석하지 말고 처음 생각한 답을 그대로 적어 넣으면 된다. 그것이 바로 잠재의식에서 보내는 메시지다. 답이 생각나지 않으면 그 질문은 건너뛰고 마지막에 다시 풀도록 한다. 질문에 대한 답은 5개의 보기 중 자신에게 가장 알맞은 내용을 선택하면 된다.

◉ 나는 얼마나 균형 잡힌 생활을 하고 있을까?

	A	B
• 항상 또는 거의 그렇게 생각한다.	0	4
• 때때로 그렇게 생각한다.	1	3
• 그렇게 생각할 때와 그렇지 않을 때가 반반이다.	2	2
• 그렇게 생각하지 않는 편이다.	3	1
• 결코 또는 거의 그렇게 생각하지 않는다.	4	0

※ 테스트 A와 테스트 B는 점수가 반대로 적용되니 주의 바람

◉ 인생의 불균형도 테스트 A

1. 하고 싶었던 일을 하고 있다.
2. 뜻하던 생활을 하고 있다.
3. 능력을 최대한 발휘하며 살고 있다.
4. 어려운 사람들에게 도움을 주는 활동을 하고 있다.
5. 스스로 성취한 것을 자랑스럽게 생각한다.
6. 직장에서 능력을 인정받고 있다.
7. 가족에게 능력을 인정받고 있다.

8. 시간을 효과적으로 사용하고 있다.

9. 재능을 살려서 활동하고 있다.

10. 주어진 일은 끝까지 해낸다.

11. 마감 시간 안에 반드시 일을 해결한다.

12. 약속은 반드시 지킨다.

13. 목표와 방향이 정해지면 우선순위는 저절로 결정된다.

14. 목표와 중요한 일들을 하나둘 실현하고 있다.

15. 일과 흥미가 일치한다.

16. 일 이외에 취미 생활을 하고 있다.

17. 일을 소중히 여긴다.

18. 여유를 즐길 수 있다.

19. 자신과 상관없는 일은 하지 않는다.

20. 무슨 일이든 혼자서 떠맡기보다 경우에 따라 다른 사람에게 도움을 청한다.

21. 일이 즐겁다.

22. 가족과 함께 있는 것이 즐겁다.

23. 일에서 보람을 느낀다.

24. 갑자기 문제가 발생해도 당황하지 않고 처리할 수 있다.

25. 실수와 실패를 통해 배우는 것이 있다.

○ 인생의 불균형도 테스트 B

26. 일이 재미없다.

27. 직장에서 초조해하거나 화를 낸다.

28. 시도 때도 없이 공상에 빠진다.

29. 꼭 해야 할 일을 뒤로 미룬다.

30. 현재 맡고 있는 일을 적당히 한다.

31. 출근 시간이나 약속 시간에 늦는다.

32. 휴가를 손꼽아 기다린다.

33. 다른 일을 하고 싶다.

34. 가족 관계가 원만하지 않다.

35. 시간이 잘 안 간다.

36. 언제나 피곤하다.

37. 일이 바빠서 가족과 보내는 시간이 없다. 또는 개인 시간이 없다.

38. 일에서 생기는 스트레스가 있다.

39. 가족 때문에 생기는 스트레스가 있다.

40. 직장 일로 가족에게 피해를 준다.

41. 가정이나 사적인 문제로 일에 지장을 준다.

42. 자신에게 완벽함을 요구한다.

43. 다른 사람에게 완벽함을 요구한다.

44. 모든 일에 집중할 수 없다.

45. 다른 일이 마음에 걸려 집중할 수 없다.

46. 잡념이 많고 마음이 산란하다.

47. 주위가 소란하면 집중이 안 된다.

48. 책임이 따르는 일은 가능한 한 피한다.

49. 상사와 권력자를 비난한다.

50. 변화가 두렵다.

불균형도 테스트 결과

각각의 답에 해당하는 점수의 합을 구한다.

A _____ 점   B _____ 점

합계 _____점

○ 0~50점
　－균형 있는 인생

일과 생활이 이상적으로 조화를 이루고 있다. 좀 더 나은 삶을 위해 그 밖에 할 일이 있는지 주위를 둘러보자. 아이디어가 떠오르면 어떻게 실천할 것인지 생각해보자.

○ 50~100점
　－약간 불균형한 상태. 주의가 필요하다.

일과 생활이 조화를 이루지 못하고 있다. 각각 어떻게 하면 상황을 개선시킬 수 있는지 생각해보자. 근본적인 해결책을 찾을 때까지 작은 일이라도 좋다. 지금 곧 실천에 옮기도록 해보자.

○ 101~150점
　－불균형한 상태. 개선이 요구된다.

일과 생활에 문제가 있다. 개선의 노력이 필요하다. 근본적 해결책을 찾을 때까지 지금 당장 할 수 있는 일이 있다면 실천해보도록 하자. 개선책은 초조해하지 말고 조금씩 시도하는 것이 좋다.

○ 151~200점
　－매우 불균형한 상태. 위험신호이다.

일과 생활을 전면적으로 개선해야 한다. 근본적인 해결책을 찾을 때까지 직장에서 새로운 업무를 맡거나 사람들과 약속할 때는 충분히 생각한 후 결정하도록 한다. 도움을 줄 수 있는 상담자가 있으면 활용하자. 개선책을 찾는 동안 자신의 관심사에 맞지 않거나 하기 싫은 일은 될 수 있으면 피하는 편이 좋다.

당신의 인생에서 마이너스 인자는 무엇인가?

마이너스 인자란 당신의 개인과 가정생활 그리고 일의 발전을 가로막는 불필요한 행동과 사람을 뜻한다. 그와는 반대로 당신의 일과 생활에 긍정적인 도움을 주는 행동과 사람을 가리켜 플러스 인자라고 부른다.

마이너스 인자가 생기는 이유는 당신 안에 아직 충족되지 않은 욕구가 있기 때문이다. 욕구가 충족될 때까지 마이너스 인자는 사라지지 않고 여러 형태로 모습을 바꿔가며 나타난다. 그중에는 불륜과 비만, 일에 편중된 생활과 알코올 중독처럼 고통과 불안을 야기하면서 쉽게 드러나는 마이너스 인자가 있는 반면에 좀처럼 판별이 어려운 것도 있으니 주의해야 한다. 긴 시간 쓸데없는 공상에 빠져 있다거나 한시도 추리소설을 손에서 놓지 못하는 사람, 또 매일 밤 친구들과 술 마시기를 좋아하고 하루종일 방에 틀어박혀 비디오 게임에만 몰두하는 사람 등이 그런 예다.

겉보기에는 취미나 여가 생활을 즐기고 마음에 맞는 상대와 어울리는 것처럼 보이지만 이 때문에 당신이 정말 소망하고 있는 삶에서 멀어지게 된다면 그것이 바로 마이너스 인자다. 그런 일에 시간과 체력, 기력을 소모하고 돈까지 잃게 되면 정말 하고 싶은 일이 생겨도 할 수 없기 때문이다. 이런 마이너스 인자를 조금이라도 깨달아야 당신의 나쁜 습관을 고칠 수 있다.

테스트의 점수를 분석하여 일과 생활 가운데 어느 쪽의 불균형도가 더 심각한지 한번 체크해보자. 마이너스 인자가 많을수록 생활의 만족도가 낮고 일의 능률도 떨어진다. 또 일과 생활의 균형이 깨지고 현재의 삶이 자신의 소망과 가치관, 관심사와 무관하게 흘러간다고 느낄 경우에는 우울증에 빠져 인생 자체를 비관하기 쉽다. 이런 사람은 평생을 살면서 단 한 번도 마음속 깊이 만족감을 느꼈던 순간이 없기 때문에 물질적으로 풍요롭더라도 전혀 행복을 느끼지 못한다. 이렇게 불균형도가 높은 사람은 가정과 직장에서 현재 맡고 있는 활동과 책임을 최대한 줄이려는 노력이 필요하다. 이런 노력으로 스트레스가 완화되고 생활의 균형도 어느 정도 제자리를 찾게 되면 그때 다시 새로운 프로젝트와 책임 있는 업무를 시작하도록 한다.

불균형한 인생은 어디에서 오는가?

내가 가르친 중학교 3학년 학생들과 경찰관. 이 두 그룹 사이에는 어떤 공통점이 있었다. 겉으로 보기에는 스트레스의 원인도 다르고 아무런 연관도 없어 보이지만 그들은 모두 심각한 불균형 상태에 빠져 있었다. 불균형 상태에 마이너스 인자가 많으면 사고에 혼란을 주어 중요한 순간에 현명한 선택을 할 수 없게 된다. 중학생도 경찰관도 주위 사람들에게 존재 가치를 제대로 평가받지 못하고 노력을 인정받지 못하여 불만에 차 있었다. 결국 자신과 가정과 사회가 충돌을 일으키면서 그것이 스트레스가 되어 고립되고 점점 자신감을 잃어갔던 것이다.

이 분석이 틀리지 않다면 1963년 중학생들의 학습 태도를 바꿔 준 접근 방법을 스트레스로 고통받고 생활에 불만을 느끼고 있는 성인들에게도 충분히 응용할 수 있을 것이다. 단, 성인의 경우 모두 직업을 선택한 상태이고 이미 직업에 의존하여 생활하고 있다는 점이 달랐다. 적어도 학생들은 자신이 좋아하는 분야를 자유롭게 선택할 수 있었지만 경찰관의 경우 선택의 폭이 대단히 제한되어 있었다. 아무리 스트레스가 많고 불만이 쌓이고 생활이 불균형하더라도 경제적인 이유 때문에 일을 그만둘 수 없다고 모두들 느끼고 있었기 때문이다. 이런 상황에서 누구를 어떻게 도와줄 수 있을까?

내가 인생의 불만과 불균형을 진심으로 이해하게 된 것은, 그후 몇 년이 지나서였다. 1981년 나는 직원 65명을 거느린 회사의 창업주로서 연 수백만 달러의 매출을 자랑하며 승승장구하고 있었다. 오랫동안 꿈꿔온 성공, 부와 권력을 동시에 손에 넣게 된 것이다. 그렇지만 내 상황은 매우 비참했다. 아내와 이혼하고 아이들과 헤어진 뒤, 쓸쓸하고 외로운 나날을 보내며 알 수 없는 무력감을 맛봐야만 했다. 평소 버릇대로 선로 위를 걸으면서 머릿속을 정리했다.

'평생 열심히 살려고 노력했는데, 결과는 이게 뭔가?'

'학생들에게 성공한 인생에 대해 가르치면서 왜 나는 인생에서

실패한 것일까?'

뭔가 잘못되었다. 그때 나는 중학생과 경찰관 그리고 나 사이에 어떤 공통점이 있음을 깨달았다. 그동안 우리들은 '사회적으로 성공하려면 어떻게 해야 할까?' '어떻게 살아야 행복해질 수 있을까?'에 대해 세상 사람들이 정해놓은 대답을 진리인 양 믿고 있었다. 하지만 그 대답이 준 결과는 어떤가. 일과 가정생활이 대립하면서 나는 인생의 균형을 잃고 고독감과 갈등으로 괴로워하고 있었다. 아니, 단지 인생의 균형을 잃은 것만이 잘못이 아니었다. 진정으로 하고 싶은 일을 하지 않은 것도 큰 잘못이었다. 일에서든 개인 생활에서든 만족감을 줄 수 있는 뭔가가 필요했다.

테스트를 통해 내 불균형도를 분석해본 결과, 내가 많은 스트레스로 괴로워하고 인생의 균형을 잃고 흔들리게 된 배경에는 사회 통념이 되어버린 잘못된 사고와 생활 방식이 있었다. 사회적으로 혹은 개인적으로, 우리는 무수히 많은 사회 통념을 있는 그대로 받아들이며 살고 있다. 그 결과 자신이 정말 원하는 것을 깨닫지 못하고 인생의 방향성을 잃고 있다. 이런 사회 통념은 겉보기에는 이치에 맞고 실용적인 지혜처럼 보이지만 사실은 사람을 불행하게 만들고 삶의 중심을 흔들어놓기 때문이다.

그럼 이제부터 우리가 믿고 있는 잘못된 사회 통념에는 무엇이 있는지 살펴보자.

2 누구나 믿고 있는 거짓말

> 뜻하던 일과 인생을 손에 넣지 못하는 이유는 우리가 잘못된 사회 통념을
> 그대로 받아들이며 살고 있기 때문이다.

전 세계의 많은 사람들이 어릴 때부터 주입된 잘못된 생각들을 그대로 받아들이며 살고 있다. 부모와 형제, 친척, 친구 등 주위 사람들을 비롯하여 대다수의 사람들이 믿고 있는 이 사고방식에 의문을 갖기란 매우 어려우며 그리하려면 용기가 필요하다. 그러나 여유 있고 충실한 인생을 손에 넣기 위해서는 이런 사회 통념을 타파하고 그 굴레에서 벗어나지 않으면 안 된다.

잘못된 사회 통념에 따라 살게 되면 어딘지 모르게 무리가 뒤따르고 압박감을 느끼게 된다. 자신의 욕구를 억누르고 주위와 타협하면서 살기 때문에 '사는 게 왜 이렇게 따분하고 힘이 들까?' 하는 회의를 갖기 쉽다. 잘못된 생각에 얽매여 여유와 정열, 독창성까지 잃는다. 결국 이유 없이 초조해하거나 걸핏하면 화를 내고 불만을 토로하는 등 하루하루 감동이 없고 따분한 생활을 할 수밖에 없다. 행동과 생각의 버팀이 되는 가치관에 잘못이 있기 때문에 정서적으로도 흔들리게 되는 것이다. 잘못된 사회 통념은 고도로 발달된 현대 산업사회의 세계관을 반영하면서 물질주의와 소비주의 그리고 돈, 명예, 권력 같은 그릇된 성공관을 추구한다.

그러나 내 생각은 세상의 그것과 전혀 다르다. 개인적으로 혹은

사회적으로 풍족한 삶을 영위하기 위해서는 무엇보다 마치 놀이처럼 흥미롭고 기쁨을 줄 수 있는 일을 해야 한다. 정신적인 만족감을 성공의 잣대로 삼고 때로는 사회에 환원하면서 우뇌의 직관에 따라 사는 것이 좋다. 순수하게 꿈을 좇아나가면 그토록 바라마지 않던 자신의 모습과 상황이 자연스럽게 눈앞에 펼쳐진다.

좀 더 기쁘고 충실한 인생을 설계하기 위하여 이 책의 2부에서는 많은 사람들이 옳다고 생각하는 사회 통념들을 하나씩 짚어가면서 잘못된 점을 지적했다.

3
'책임감'에 관한 거짓말

> 스스로 정말 하고 싶은 일을 하는 것, 그것이 인생에서 가장 책임 있는 행동이고
> 그 사람이 지는 최고의 책임이다.

정작 나를 책임지지 않는 삶은 버려야 한다

그러나 우리들의 사회는 이런 생각을 갖도록 그냥 내버려두지 않는다. 오히려 자신이 하고 싶은 일만 하는 사람은 무책임하다는 핀잔만 듣는다. 그런 일을 직업으로 삼으려고 하면 굶어죽기 딱 좋다거나 그런 직업이 있을 리 없다면서 부정적인 시각으로 바라본다. 그리고 책임이란 가족과 직장 그리고 사회에서 기대하는 대로 행동하는 것이라고 가르치면서 어떤 행동이 사회적으로 환영받는 행동인지, 어떤 직업이 바람직한지를 엄중하게 지시한다. 세상이 커다란 가이드라인을 제시하면 대부분의 사람들이 그대로 믿고 받아들이는 것이다.

- 좋은 대학에 들어가서 훌륭한 사회인이 돼라.
- 돈이 되는 직업을 찾아서 출세해라.
- 결혼해서 아이를 낳아라.
- 앞날을 생각해서 저축해라.
- 문제를 일으키거나 옆길로 새지 마라.
- 전자 제품과 레저 용품은 천천히 사는 편이 좋다.
- 세상이 제시하는 직업 가운데 괜찮아 보이는 것을 선택하면 행복하게 살 수 있다.
- 세상이 가르쳐주는 대로 하면 교육과 취직, 결혼과 육아 그리고 재산 증식까지 모든 목표를 달성할 수 있다.

우리는 이렇게 정해진 대로 살면서 세상에 동화되고 그것을 당연한 일로 여긴다. 이를 위하여 어린아이들마저 좋아하는 것을 포기하고 선천적인 재능을 버리게 되더라도 어쩔 수 없는 일이라며 스스로를 타이른다. 이 모두를 단지 '어른이 되기 위한 과정'이라고 이해한다. 그 결과 인생의 균형이 흔들리면서 살아갈 의욕을 잃고 건강을 해치는 사람이 나오는데도 말이다.

세상이 말하는 책임감의 가장 큰 문제는 그것이 죄책감에 바탕을 두고 있다는 점이다. 죄책감은 두려움의 감정에서 생겨난다. 세상이 기대하는 일을 하지 않는데 누가 나를 좋아할 것인가, 세상이 시키는 대로 살지 않으면 사람들이 화를 낼지도 모른다, 돈이 없으면 아무도 나와 어울리려 하지 않을 것이다, 정말 좋아하는 일은 나이 들어 정년퇴직한 뒤에 하자, 그때가 되면 내가 하고 싶은 일을 해도 상관없다 같은….

⊙ ─────────────────────────────

폴은 이런 책임감이 몸에 굳어진 사람이었다. 미국 남부의 유복한 의사 가정에서 자란 폴은 좋아하는 로큰롤 연주가 공부에 방해된다는 이유로 부모에게 기타를 빼앗기고 학업에만 열중한 채 고교 시절을 보냈다. 그리고 지방의 일류 대학에 입학하여 심리학을 전공했다. 졸업 후에는 당시 취업난이 매우 심각한 시기였음에도 불구하고 다행히 아는 사람의 소개로 세계적인 주택 내장재 회사에 취직할 수 있었다. 폴은 영업 사원으로 전근을 다니면서 중서부의 소도시에서 로스앤젤레스 담당까지 순조롭게 승진의 길을 밟았다. 그리고 해외 지사장을 역임한 후, 마침내 부의 상징인 고급차와 고급 주택까지 거머쥐게 되었다. 겉으로 보기에 폴은 누구에게도 손가락질당하지 않을, 더할 나위 없이 책임감 있는 사회인이었다. 아내와 자식의 생계를 책임지고 술과 도박에 손대지 않으면서 착실하게 일하는 모범적인 남편이었을 뿐 아니라 누구나 부러워하는 사회적 성공까지 거뒀다.

그러나 성공에 대한 대가는 결코 만만치 않았다. 폴은 40대의 많지 않은 나이에 고혈압 판정을 받고 당뇨병까지 얻었다. 또 정신적으로 불안정하여 의사로부터 항우울증제 처방을 받았다. 30년 동안 가족과 세상이 바라는 대로 열심히 일해왔지만 그것은 자신의 인생이 아니라 다른 사람들이 원하던 삶이었던 것이다.

그때까지 폴은, 인생이란 대학 교육을 받아서 대기업에 취직하고 결혼해서 가정을 이루고 승진에 힘써서 풍요로운 생활을 지향하는 것이라는 생각을 한 치의 의심 없이 받아들였다. 문제는 30년 동안 몸담아온 영업부의 일이 결코 그에게 만족을 주지 못했다는 점이다. 마음이 여린 폴에게 대리점으로부터 단칼에 거절당하거나 매월 무리하게 설정된 높은 영업 목표 때문에 스트레스를 받는 생활이 몸에 맞을 리 없었다. 다행히 머리가 비상하고 성실히 일한 덕분에 평균 이상의 성과를 올리며 인정을 받았지만 자신에게 영업이 맞지 않다는 생각이 항상 머리를 떠나지 않았다. 폴은 책임감 있는 사회인같이 보였지만, 사실은 그렇지 못했다. 주위 사람들의 바람을 채워주는 일에 급급한 나머지 정작 자신의 꿈과 소망에는 눈을 돌리지 못했다. 자기 자신을 무책임하게 내동댕이치고 돌보지 않았던 것이다.

자신에게 무책임한 사람은 가족과 친지, 친구, 일 심지어 애완동물까지도 책임질 수가 없다. 왜냐하면 그 사람에게는 우울, 초조, 분노, 원한, 불만, 허무함 같은 기운이 감돌고 그것이 주위 사람에게도 전해지기 때문이다. 처음 만났을 때, 폴은 영업이 도무지 맞지 않아 고민이지만 그래도 그 일을 그만두면 무엇을 하겠느냐며 괴로워하고 있었다. 그러나 소스 프로그램에 익숙해진 다음에는 자신이 정말 무엇을 하고 싶어 하는지 찾기 시작했다. 소스 프로그램에서는 '선천적인 재능과 흥미를 어떻게 살릴 것인가?'라는 인간의 사명을 '당신의 존재 의의'라는 제목으로 정리하고 있다.

폴에게는 막연히 다른 사람을 돕고 싶다는 간절한 마음이 있었다. 그래서 그 소망을 축으로 생활을 변화시키기 시작했다. 퇴직을 대비해서 주에서 인정하는 보험 외교원 자격증도 가지고 있었지만 소스를 접한 후에는 자격증을 갱신하지 않기로 결심했다. 이제 더 이상 헤매지 않고 자신이 하고 싶은 것만을 하기로 결심했기 때문이다. 영업 일도 그만두고 자기 계발 분야에서 작가, 강사 들과 일을 하게 되었다. 고교 시절 가장 좋아했던 베이스 기타를 다시 배우고 아마추어 밴드에 들어가면서 친구도 많아졌다. 그러자 돌발적인 분노와 초조함이 줄어들고 부부 관계도 개선되었다. 밴드에서 베이스 기타를 치고 있을 때가 가장 행복하다고 말하는 폴은 50대에 다시 청춘을 구가하고 있다.

꿈을 좇는 삶이야말로 가장 책임 있는 삶이다

사람이 질 수 있는 최고의 책임은 자신의 소망과 욕구를 충실히 이행하면서 사는 것이다. 그렇게 하면 자신에게도 주위 사람에게도 훨씬 매력적인 사람으로 비친다. 그런 사람은 활력이 넘쳐흐를 뿐 아니라 마음이 여유롭고 침착하며 집중력이 있다. 정서적, 신체적으로 건강을 잃는 법도 없다. 나아가 자신의 욕구를 만족시킬 수 있는 사람은 가족과 사회를 위해서도 좀 더 많은 공헌을 할 수 있다. 자신감이 생기고 몸과 마음이 모두 편안하여 열등감에 시달리는 일도 없다. 인생에 깊은 만족감을 느끼며, 그것은 자신의 능력을 알고 충분히 활용하고 있다는 자각에서 시작된다. 이런 사람에게는 항상 기쁨의 기운이 감돌기 때문에 가정에서도 직장에서도 개인 생활에서도 모든 일을 원만하게 해결할 수 있다. 결과적으로 주위 사람들까지 기분 좋게 만든다.

책임감에 대한 오해는 우리 사회에서 가장 뿌리 깊이 만연해 있는 잘못된 생각이다. 사람마다 수많은 변명을 들어 자신의 인생이 비참한 것은 어쩔 수 없는 일이라고 이야기한다. 삶의 방법을 바꾸지 않은 채 스스로를 정당화하는 높은 성을 쌓아서 그 안에 자신의 꿈을 꽁꽁 가두고 있다. 그 결과 많은 사람들이 내 인생은 왜 이 모양일까 하고 낙담하게 된다.

책임감 있는 사람은 자신이 가장 좋아하는 것을 찾아 그것만을 추구한다. 자신에게 열정을 불러일으킬 불씨는 외부에 있지 않고 내면 깊은 곳에 있기 때문이다. 세상에 태어나 꿈을 좇는 일이야말로 가장 훌륭한 책임의 형태이며 기적의 원동력이다. 우리에게는 본능적으로 좋아하는 것을 좇으려는 욕구가 있고, 그 안에 자신의 '존재 의의'가 있다. 자신의 흥미와 욕구를 깨닫고 살려 마침내 사회와 인류에게 공헌하는 일, 이것이 바로 이 세상을 살아가는 당신의 존재 의의다.

4
'의욕'에 관한
거짓말

하기 싫은 일에 억지로 의욕을 끌어올리지 마라.
하고 싶은 일을 할 때 비로소 창조력을 낳는다.

내 마음에서 끌어올린 의욕이 진짜다

의욕이란 무리하게 일으키려고 하면 잘 되지 않는다. 지속도 되지
않는다. 다른 사람에게 의욕을 불러일으키려고 해보라. 잠깐은 힘
이 넘칠지 모르나 내면에서 나온 것이 아니면 의욕은 줄어들 것이
다. 스스로 분발해봐도 마찬가지다. 억지로 불러일으킨 의욕은 계
속되지 않는다.

하기 싫은 일을 하지 않으면 안 될 때 우리는 무리하게 의욕을
끌어내려고 한다. 반대의 경우라면 어떨까? 앞서 말한 중학교 3학
년 학생들의 이야기에서 보듯 마음으로부터 간절히 원하던 꿈을
발견한 학생들은 교사가 감시하지 않아도 자발적으로 공부할 수

있었다. 하고자 하는 의욕이 마음속에서 생겨났기 때문이다. 게다가 그것은 학년을 마칠 때까지 지속됐다.

어린 시절을 한번 떠올려보자. 우리들은 부모가 가르쳐주지 않아도 알아서 잘 놀았다. 부모에게 떠밀려 억지로 경찰 놀이를 한 적이 있는가? 누가 시키지 않아도 들로 산으로 탐험하러 나갔다. 시간 가는 줄도 모른 채 호기심에 가득 차 아침부터 밤까지 돌아다녔다. 어머니가 밥 먹으라고 소리를 질러야 겨우 집으로 돌아오지 않았는가. 그러고도 모자라 이불 속에 몰래 장난감을 갖고 들어가서 계속 놀기도 했다. 또, 아이 때는 너무나 하고 싶은 것이 많아 한시도 가만히 있지 못했다. 나무에 오르기도 하고, 산속을 탐험하기도 하고, 친구 집에 놀러가기도 하고, 소꿉놀이도 하고, 전기기관차를 조립하기도 했다. 추리소설에 열중하다가 밤을 새는 일도 많았고 로큰롤 듣기도 좋아했다. 자전거로 하이킹을 하고 비밀 기지를 만들어 전쟁놀이도 했다. 강아지를 안고 마음껏 뒹굴기도 했다. 우리들은 정말 하고 싶은 것을 하고 있었다.

'아이에게 공부를 시키려면 어떻게 해야 할까?' '사원들의 의욕을 고취하려면 어떻게 해야 할까?' '성공하려면 어떤 노력을 해야 할까?'

오늘날 사회는 사람들에게 의욕을 고취하기 위해 너무 많은 시간과 돈을 낭비하고 있다. 이와 관련된 서적과 세미나도 무수히 많다. 언젠가 나도 플러스 사고의 효용을 설명하는 프로그램과 동기부여 세미나에 거액의 돈을 들여 참가한 적이 있었다. 강사는 대단히 설득력 있는 사람이었다. 4일 간의 세미나 기간 동안 참가자의 대다수가 의욕에 넘쳐 그곳에서 배운 이론과 방법들을 하루빨리 실생활에 적용해보고 싶어 했다. 나도 생활을 좀 더 낫게 바꿔보려는 생각에 배운 내용을 즉각 실천에 옮겼다.

그러나 4일이란 시간 동안 최종적으로 얻은 것은 두통뿐이었다. 세미나에서 공부한 이론과 방법을 착실하게 실행만 하면 생각대로 성공과 재산, 건강이 손에 들어올 것 같았지만 오래 지속되지 않았다. 그 이론은 겉만 번지르르했다. 아침에 마시는 커피 한 잔처럼 한시적으로 자극되고 기운이 나는 정도였다. 이론상으로는 상당히 재미있을 것 같았는데 실제 생활은 어느 것도 변하지 않았다. 전과 똑같이 마음이 불안하여 한 걸음도 나아갈 수 없었고 그때 강사가 가르쳐준 방법을 사용해봐도 소용없었다. 나는 스스로 설계한 나만의 길을 걸어가고 싶었다. 더 이상 다른 사람의 삶의 모습을 흉내내는 과오를 범하기 싫었다.

나는, 순간 지금까지 하기 싫은 일을 하기 위해 억지로 의욕을 끄집어내고 있었다는 것을 깨달았다. 당시 자선사업 단체에 취직하여 모금 활동에 분주했던 나는 영업 일이 맞지 않아 스스로를 채찍질하고 있었다. 그즈음 생긴 심한 두통은 내가 자연의 흐름을 거스르는 일을 하고 있다는, 몸으로부터의 작은 메시지였던 것이다. 세미나는 외부에서 자신에게 의욕을 심어주는 것으로, 효과는 오래가지 않는다. 많은 사람들이 일에 의욕을 갖지 못하고 능력을 발휘하지 못하는 이유는 자신이 아니라 다른 사람이 원하는 일, 기대하는 일을 하고 있기 때문이다.

아이들이 학교를 지루하다, 재미없다고 느끼며 숙제를 하기 싫어하는 것은 아이들의 본래 성질과 반대되는 행동을 요구하기 때문이다. 부모와 교사로부터 학교 교육은 꼭 필요하고, 좋은 성적을 얻는 것은 무엇보다 중요하다는 말을 듣고 자란 아이들은 점점 호기심을 잃어가게 되고, 희미하게 남은 호기심마저도 '어른들의 사회'에서 불필요하다는 이유로 잘라버리게 된다.

이렇게 우리는 자신을 희생하고 주위 사람들이 기대하는 삶을 살도록 배웠다. 세상은 남과 같이 행동해라, 주위를 보라, 규칙에 따라라, 책임감을 가져라, 꿈을 좇지 말라, 현실적으로 되라고 충고한다. 사람들은 '나는 무능력하다. 부모님도, 선생님도, 상사도 내게 실망하고 있다. 좀 더 분발해서 잘하지 않으면…' 하고 생각한다. 그러고는 뭔가 의욕을 고취하기 위해 죽기 살기로 노력한다. 스스로 채찍질하여 잠에서 깨운 뒤 곤한 몸과 마음을 이끌고 터벅터벅 회사로 향한다. 의욕이 생길 리 없다. 아니, 의욕은 착각에 지나지 않는다. 자신이 원하지 않는 방향으로 나아갈 때, 처음에는 무리해서 의욕을 끄집어낼 수도 있지만 그것은 지속되지 않고 차츰 효과가 떨어진다. 외부에서 의욕을 심어주어도 마찬가지다.

반면 정말 좋아하고 자신이 하고 싶은 일을 할 때는 어떤가. 스스로 의욕에 넘쳐 기꺼이 일할 것이다. 사람들은 마음으로부터 간절히 원하는 것이 있을 때, 본능적으로 그것을 좇는다. 그때 주위 사람들이 그 행동을 인정하고 북돋아주면 자기 추진력이 붙어 차차 생계에 도움이 될 정도로 발전한다. 안에서 끓어오른 열정이 그 사람의 인생을 마구 잡아당기는, 자동 조종이 시작되는 순간이다.

───────────────

뭔가에 흥미를 갖게 되었을 때, 사람들은 그것을 하고 싶어 하고 단순히 하는 것이 즐겁다고 느낀다. 그러면서 조금씩 발전하게 되고 만족감을 얻는다. 자신을 질책하거나 의욕을 북돋을 필요도 없다. 열정이 당신을 앞으로 잡아당겨주기 때문이다. 그런 감정은 노력해서 얻어지는 것이 아니라 태어나면서 누구나 갖게 되는 감정이다. 그것은 당신이라는 인간을 당신답게 만드는 요소이고 당신 안에 있기 때문에 언제든지 발견할 수 있다.

  숙부를 따라 증기기관차를 보러 갔을 때 내 눈이 휘둥그레진 것도 원래부터 갖고 있던 호기심의 발로였다. 그러나 증기기관차를 본 아이들 모두가 반드시 기차를 좋아하게 되는 것은 아니듯 꿈은 개성에 따라 다르게 나타난다. 그 아이의 '소스' 가운데 기차가 있느냐 없느냐가 중요하다. 독서를 가장 좋아하는 아이가 있고 야구를 가장 좋아하는 아이도 있다. 그렇기 때문에 모든 사람이 각기 다른 '꿈'을 갖게 되는 것이다. 부모가 자신이 원하는 방향으로 자녀를 키우는 것은 그리 어려운 일이 아니다. 그뿐 아니라 세상의 부모들은 거의 예외 없이 자녀가 하찮은 일에 관심을 갖기 시작한다고 느낄 때 그것을 포기시키려고 압력을 가한다. 반대로 자녀가 조금도 관심을 보이지 않는 일을 시키려고 기를 쓰고 달려들기도 한다.

내게는 네 명의 자녀가 있다. 그 가운데 위의 셋은 벌써 성인이 되었는데 같은 환경에서 자랐음에도 전혀 다른 흥미나 관심, 호기심을 가지고 있다.

장남인 마크는 어렸을 때부터 과학과 체커(실내에서 두 사람이 64개의 사각형이 표시된 판에서 하는 놀이) 같은 보드게임에 관심이 많았다. 또 해부 인체상 조립이나 여러 종류의 게임에 흥미를 갖고 있었다. 독서도 매우 좋아해서 내가 굳이 시키지 않아도 책을 읽었다. 선천적으로 호기심 덩어리였다. 성인이 된 지금, 그는 일본에서 교사로 근무하면서 대학원에 다니고 있다. 둘째 아들인 조르는 학교 공부는 뒷전이고 오로지 스포츠에만 관심이 있었다. 행동형 인간이며 타고난 운동선수로 몸을 움직이는 일을 좋아했다. 야구의 명수이며 농구와 축구도 곧잘 했다. 지금도 여전히 스포츠를 좋아해서 대부분의 여가 시간을 운동장에서 보낸다.

장녀 캐미는 음악과 댄스 그리고 연극을 좋아했다. 분석력이 뛰어나 학교 공부도 잘했지만 가장 열의를 보인 분야는 체조와 댄스 그리고 음악이었다. 사회인이 된 현재, 그녀는 싱어송라이터이며 그룹에서 보컬을 맡고 있다. 직접 작곡한 곡을 모은 CD도 곧 나올 예정이다. 막내딸 카리는 아직 네 살이지만 벌써 여기저기에 호기심을 나타낸다. 음악과 댄스를 좋아하고, 보드게임과 그림, 공작에도 관심이 많다. 밖에 나가서 놀 때는 회전목마와 말타기를 즐긴다. 이렇게 각각의 아이들이 뭔가에 관심을 갖고 몰두하기까지 환경은 그다지 중요한 문제가 아니었다. 굳이 환경적 요인을 따지자면 부모와 교사가 아이의 그런 행동을 보고 칭찬했느냐, 꾸짖었느냐 하는 정도다. 이것은 우리 어른들에게도 마찬가지다.

소스 프로그램 이론은 마음의 소리를 듣고 그것을 추구하는 일에서 시작되지만, 어린 시절 가졌던 흥미나 관심, 호기심을 재발견할 수 있다면 일은 더욱 쉬워진다. 뭔가에 열정을 쏟는 마음은 하늘이 준 선물이며 우리에게는 그것을 존중하고 살려야 할 의무가 있다. 물론 이 의무를 저버리고 돈을 위해 다른 일을 할 수도 있지만 그 대가는 결코 달지 않다. 마음의 소리에 귀를 기울이지 않고 사는 사람에게는 기쁨이나 발전이 없는 따분한 인생이 기다리고 있기 때문이다. 이제 더 이상 자신을 채찍질하여 무리하게 의욕을 일으키려는 노력은 하지 말자. 그 대신 가장 하고 싶은 것을 시작해보자. 좋아하는 일을 하고 있으면 모든 문제는 자연히 해결될 것이다. 소스를 공부한 후 제프가 이런 말을 했다.

"어릴 때부터 야구를 좋아했어요. 그것도 공 던지기요. 마운드에 서서 타자와 마주 대하고 있을 때가 가장 스릴 있고 행복했죠. 그 순간만큼은 제가 최고였어요. '어때 애송이, 내 공을 한번 쳐보시지?'하고 거침없이 도전장을 내밀었죠. 지금도 어려운 일이 있을 때 제가 마운드에 서 있다고 상상해봅니다. 그러면 정신이 번쩍 들면서 용기가 생기거든요."

다만 여기에서 주의할 것은 나쁜 버릇이나 중독 증상과 같은 것과 순수한 열정을 우선 구분해둬야 한다는 사실이다. 예를 들어, 아침부터 밤까지 오로지 비디오게임에 몰두해 있는 사람, 하루 종일 집 안 청소를 하면서 물건이 하나라도 제자리에 없으면 신경질을 내는 사람, 시간만 있으면 도박을 하는 사람, 또 몸이 상하든 말든 격심한 스포츠를 멈추지 않는 사람처럼 행동이 극단으로 치닫는 경우는 좋아하는 일을 하는 것이 아니라 심리적으로 문제가 있다고 해석하는 편이 좋다. 심리적 중독 증상이 있을 때 사람들은 그것을 하지 않고는 견딜 수 없고 아무리 해도 만족감을 얻지 못한다. 어쩌면 자신의 흥미나 관심, 호기심과 욕구를 억제하고 사는 사람들에게 이런 중독 증상이 나타나는 것일지도 모른다.

창조적인 행위는 기적을 낳는다

우리는 누구나 창조적인 능력을 가지고 태어난다. 그것은 어떤 행동을 할 때 자연스럽게 몸 밖으로 흘러나오며 그러한 능력을 충분히 살리지 못할 경우, 사람들은 만족감을 잃게 된다. 창조성에는 특별한 힘이 있다. 그래서 사람들이 창조적인 행위를 하게 되면 그만큼 자유로워진다. 열등감이 없어지기도 하고 불안할 때 손톱을 물어뜯는 나쁜 버릇이 줄어들기도 한다. 강박관념과 신경병이 누그러지기도 하고 경우에 따라서는 완전히 소멸하기도 한다. 안으로부터 좋은 기운이 흘러넘쳐 몸도 마음도 가뿐해진다. 뭔가 만들어내는 일에 마음을 쏟을 때 불안과 걱정도 사라지게 될 것이다. 창조적인 행위를 통해 몸과 마음이 하나가 되기 때문이다. 당신은 어린 시절에 다음과 같은 행동을 한 적이 있는가?

- 크레용으로 그림을 그린다.
- 종이를 자른다.
- 연을 만들어 날린다.
- 악기를 연주한다.
- 장난감 자동차를 가지고 논다.
- 탐정 놀이를 한다.
- 미래의 집을 꿈꾸며 설계도를 그린다.
- 나무조각을 깎아서 칼을 만든다.
- 목공 시간에 나무 선반을 만든다.
- 시를 쓴다.
- 사람들 앞에서 노래를 부른다.
- 자신이 입고 싶은 옷을 디자인한다.
- 방을 아름답게 꾸민다.
- 모래성을 만든다.
- 엄마 화장품을 얼굴에 발라본다.
- 망토를 입고 슈퍼맨 흉내를 낸다.

이런 창조적인 행위는 내면의 욕구를 충족시켜주기 때문에 사람들은 다음과 같은 체험을 하게 된다.

- 기분이 좋아진다.
- 얼굴에 생기가 돈다.
- 하나에 열중하며 다른 일은 생각하지 않는다.
- 몸과 마음이 하나가 된다.
- 무의식중에 행동한다.
- 몸도 마음도 긴장하지 않은 채 자연스럽게 행동한다.
- 강박관념과 신경질적인 나쁜 버릇이 없어진다.
- 현재의 모습에 만족한다.
- 주위와 일체감을 느낀다.
- 안정감을 느낀다.

이와 같이 창조적인 행위에는 불가사의한 힘이 있어서 그런 활동을 하면 자신과 주위 사람들에게 기적과도 같은 일이 일어난다. 마치 태풍의 눈 안에 들어와 있는 것처럼 주위가 아무리 혼란스러워도 자신의 인생은 전혀 동요되지 않는다. 잠재되어 있던 욕구를 충족시킨 결과 자기 자신도 자유로워지고 일과 인간관계도 눈에 띄게 향상된다. 우리들은 항상 창조적인 활동을 멈추지 말아야 한다. 아무것도 창조하지 않고 사는 인생은 이미 생명력을 잃었다고 해도 과언이 아니다.

5
'적성'에 관한
거짓말

적성에 맞다고 해도 하고 싶지 않은 일이라면 굳이 하지 마라.
적성에 맞지 않다고 해도 진심으로 하고 싶은 일이라면 반드시 시도해보라.

모순 같을지 모르나 절대 모순이 아니다. 나는 자선사업 단체를 위한 모금 활동에서 실력을 인정받아서 수백만 달러의 기부금을 필요로 하는 몇몇 단체의 모금 사업을 맡아서 했다. 직업적성검사를 해보아도 영업과 모금 활동은 적성에 맞는 일이었고 고맙게도 그 일은 경제적인 풍요로움까지 가져다주었다. 하지만 내 얼굴은 늘 어두웠고 아침마다 일어나는 것이 괴로웠다. 그 사업은 내 마음을 만족시켜주지 못했다.

세상에는 적성에 관한 잘못된 통념이 있어서 흔히들 돈을 많이 벌고 사회적 지위와 명성을 얻으려면 자기 적성에 맞는 능력과 기술이 꼭 필요하다고 말한다. 세상은 적성만 맞으면 그 분야에서 최고의 능력과 기술을 발휘할 수 있을 거라고 가르친다. 그리고 이런 능력과 기술을 활용하면 경제력과 사회적 지위, 명성 등 인생의 성공을 손에 넣을 수 있다고 가르친다. 학교의 진로지도와 취업 상담도 이런 잘못된 통념을 바탕으로 이루어진다. 다시 말해 그 일에 흥미가 있든 없든 적성에 맞춰 미래를 선택하도록 권유한다. 이렇게 미래를 선택한 우리들은 수입도 나쁘지 않아서 생활하는 데 어려움이 없다고 자신을 타이른다. 사실은 출퇴근하는 데 하루 3시간이나 소비하며 가족과 얼굴을 대하는 시간조차 낼 수 없는데도 말이다. 뼛속 깊이 피곤한 몸을 매일 직장으로 운반하면서 자기 정당화를 반복한다.

이와는 다르게 흥미와 호기심을 발휘할 수 있는 일을 하면 마음속의 욕구가 충족되어 피곤을 느끼지 못한다. 정말 하고 싶은 일이지만 적성에 맞지 않는 것 같아 망설여져도 그 일을 더욱 열심히 하라고 소스는 주장한다.

우리가 태어나서부터 특정한 분야에 흥미나 관심, 호기심을 갖게 되는 이유는 무엇일까? 그 이유는 그것들을 활용해서 삶의 보람과 만족을 느끼면서 풍요로운 인생을 보내기 위해서다. 스스로 행복하다고 느끼는 사람들에게 행복의 비결을 물으면 그저 좋아하는 일을 하며 살고 있을 뿐이라고 대답한다. 단지 그것밖에 없다. 전혀 특별하지 않다. 적성은 크게 문제가 되지 않는다. 중요한 것은 오직 하나, 자신의 가슴을 두근거리게 하고 열중하게 하고 행복감을 안겨주는 일에 외곬으로 파고드는 것이다. 그러면 그 밖의 문제들은 자연히 해결된다.

내 아내 샤론은 고등학교를 졸업한 뒤 줄곧 회사에 근무했다. 그 사이 야간대학을 다니면서 경영학 학위를 취득하고 유명한 소프트웨어 회사에서 사내 관리를 위한 소프트웨어 교육을 담당하면서 승진을 거듭했다. 가스 회사로 이직해서도 같은 분야에서 활약했다. 그리고 유럽으로 자리를 옮겨 하이테크 기업에서 마케팅 전략을 세우는 일을 했다. 이렇게 13년간 회사를 다니고 몇 번인가 표창도 받았지만 샤론은 그 일을 그만두고 전혀 다른 미지의 분야에 도전하기로 결심했다. 소스를 만나고 이론을 실천한 그녀는 마침내 탭댄서와 코미디언으로 무대에 서고 싶다는 꿈을 자기 안에서 발견했던 것이다.

샤론은 어릴 때부터 무대에 서길 좋아했지만 고등학교에 입학하자마자 그만두었다. 학교 선생님은 성적이 좋아서 댄스하기에 아깝다며 사업가로 성공할 수 있을 것이라고 조언했다. 그래서 가장 좋아하는 댄스 대신 진로지도 선생님과 주위 사람들의 말을 믿고 비즈니스의 세계에 진출하게 되었다. 그러나 샤론은 소스 프로그램을 만난 후 본래의 모습으로 충실한 인생을 살 수 있게 되었다. 나와 결혼한 후 아이들을 돌보면서 '소스'의 공동경영자로, 무용단의 대표로, 댄서와 예술가, 운동선수, 복지시설의 자원봉사 공연자로 다방면에서 자신의 능력을 발휘하고 있다. 그녀는 자기 안에 있는 많은 흥미나 관심, 호기심을 조화롭게 모두 살릴 수 있는 삶의 방법을 설계했다. 만족을 느낄 수 없었던 회사 생활을 접고 열정을 꽃피울 수 있는 인생을 선택한 것이다.

게다가 소스를 충실히 이행한 사람들은 생각지도 못한 기적을 경험하게 된다. 샤론은 30세에 의사로부터 불임증이라는 진단을 받았지만 소스를 만나고 나서 임신을 했고 머지않아 건강하고 귀여운 딸아이를 출산했다. 마음뿐 아니라 몸도 활력을 되찾았기 때문이라고 생각한다.

다시 한 번 말하지만, 주의해야 할 것은 재능과 좋아하는 것에 대한 열정을 절대 혼동해서는 안 된다는 점이다. 키가 커서 농구를 잘해도 좋아하지 않으면 할 필요가 없다. 내 장녀 캐미는 테니스를 정말로 잘 쳤고 클럽의 프로 코치로부터 재능이 있으니 정식으로 훈련을 받아보라는 권유도 받았지만 정작 그녀는 경쟁에 흥미가 없었다. 아니 그보다 경쟁이 성격에 맞지 않았다. 재능이 있어서 훈련만 받으면 상당한 수준에 오를 수 있을 것이다. 그러나 경쟁에서 이기지 않으면 안 된다는 중압감이 그녀를 불행하게 만들지도 몰랐다. 그 후 캐미는 같은 운동이라도 다른 사람과 경쟁하지 않아도 되는 댄스에 열정을 기울이게 되었다.

음악에 적성이 맞지 않고 재능이 없으면 음악을 할 수 없다고 생각하는 사람은 자신의 진정한 목소리나 자신에게 꼭 맞는 악기를 찾기가 정말 어렵다. 루이 암스트롱은 태어날 때부터 트럼펫을 잘 불었을까? 루이 암스트롱과 다른 사람들의 차이는 바로 여기에 있다. 그는 자신이 좋아하는 음악을 끝까지 계속하면서 트럼펫을 잘

하느냐 못하느냐 적성에 맞느냐 안 맞느냐에 전혀 개의치 않았다. 그런 문제는 중요하지 않았다. 그 결과 루이 암스트롱은 영혼 깊숙한 곳에서 뿜어져 나오는 그만의 독특하고 개성 있는 음악 세계를 완성할 수 있었다.

웨이드는 교육에는 관심이 많지만 매사에 부정적인 성격을 가진 부모에게 양육되었다. 아버지는 엔지니어, 어머니는 자녀 교육에 열성적인 전업주부였다. 웨이드는 경영 대학원을 졸업한 후 공인 회계사가 되었다. 착실하고 꼼꼼한 성격에다 수학 성적도 좋았기 때문이다. 위탁받은 회사의 경영 질서를 바로잡는 일이 적성에 맞았고 수완도 좋은 편이었다. 알래스카로 이사한 후에도 마을 발전 사업에 관여하면서 경영 지식과 사업가로서의 재능을 십분 발휘했다. 단지 문제가 하나 있다면 그는 가족들의 바람으로 회계사가 되었을 뿐, 지금까지 단 한 번도 스스로 무엇이 되고 싶다고 생각한 적이 없었다는 사실이다. 그것을 깨달은 웨이드는 회계사를 그만두었다. 처음 1년은 일정한 직업도 없고 연봉도 100분의 1로 줄었지만 그래도 단념할 수 없었다. 그는 잡지에 기사를 쓰기 시작했고 사진도 찍기 시작했다. 꾸밈없고 단순하게 호기심을 좇아 살기 시작한 것이다.

그로부터 10년이 지난 지금 웨이드는 저술업과 영화 제작, 방송 관련 아티스트로서 충분히 생계를 이어나가고 있다. 그러나 그동안 저술과 영화 제작과 사진 촬영에 관한 정규교육을 받은 적은 한 번도 없었다. 그 일이 좋아서 계속해왔을 뿐이다. 처음에 어설프던

웨이드의 실력은 시간이 지나면서 차차 좋아졌다.

적성에 맞지 않는 것 같아서, 재능과 기술이 없어서 아무것도 할 수 없다는 말은 거짓이다. 하고 싶은 일을 시작하기가 두려울 때 사용하는 구실에 지나지 않는다. 진로지도 교사는 시험 성적만을 보고 학생들을 평가하여 잘못된 조언을 하기가 쉽다. 또 부모와 친구들도 세상의 일반적인 기준에 맞추기 위해 본인의 관심과는 다른 분야로 가도록 조언을 하는 경우가 적지 않다. 재능과 기술은 그것이 그 사람의 흥미나 관심, 호기심과 일치하지 않는 한 아무런 의미가 없다. 물론 관심 있는 분야에서 능력까지 겸비할 수 있다면 그보다 큰 행운은 없을 것이다.

가장 좋아하는 것을 계속하면 누구라도 잘할 수 있게 된다. 적성과 재능이 없으면 할 수 없다는 생각은 모두 버리자. 그런 생각은 당신의 인생에서 걸림돌이 될 뿐이다. 당신의 본래의 모습을 찾는 데 방해가 되는 것은 모조리 없애버리자.

다음은 소스를 받아들여 자신의 관심 분야로 직업을 바꾼 예다. 모두 적성이나 능력, 경험에 관계없이 각자 충실한 인생을 보내고 있다.

- 데이비드—기업 내 변호사에서 밀 재배 농부로 전업했다.
- 캐서린—기술 관련 분야의 회사원에서 유람선 투어 회사의 공동 경영자로 전업했다.
- 마사—소프트웨어 프로그래머로 일하다가 대학원에서 심리학 석사 학위를 취득한 후 카운슬러로 전업했다.
- 코라—기업 내 마케팅 관련 업무를 그만두고 인터넷에서 예술 작품을 판매하는 회사를 설립했다.
- 폴—병원의 관리직을 그만두고 꽃집을 경영하고 있다.
- 데이브—광고 회사를 그만두고 카약 투어 회사를 설립했다.
- 론—비디오 촬영 기술자에서 중학교 교사로 전업했다.
- 소냐—재정 분석 분야의 공무원에서 경영 컨설턴트로 전업했다.
- 캐롤린—교사에서 저술가로 전업했다.
- 테리—기업 내 마케팅 관련 근무에서 편집, 저술업으로 전업했다. 책을 출간하기도 했다.
- 잭—방송사의 광고 담당에서 프리랜서 부동산 보험 에이전트로 전업했다. 동시에 레이스용 수상 활주로의 정비원으로 근무한다.
- 미셸—간호사에서 색채 분석 컨설턴트로 전업했다.

자신의 관심 분야에 적성과 능력을 갖고 있는 사람은 이미 남보다 앞선 출발선에 서 있다고 볼 수 있다. 어떤 유혹에도 흔들리지 말고 그대로 밀고 나가라. 그러나 적성과 능력이 없다고 생각하는 사람도 흥미나 관심, 호기심이 열정으로 이어질 수 있도록 고삐를 늦추지 말아야 한다. 그것은 선택의 문제가 아니라 자신에 대한 의무다. 감정을 무시한 채 능력과 기술만을 연마한다면 마음의 빈 곳을 채우지 못하는 고독하고 쓸쓸한 인간이 될지도 모르기 때문이다.

6
'능숙함'에 관한 거짓말

능숙하지 못하더라도 열정이 있다면 절대로 포기하지 마라.

말하자면 그림에 능력과 기술이 없어도, 간단한 스케치조차 그릴 수 없어도 포기하지 말고 그림을 계속 그리라는 뜻이다. 미술 선생으로부터 "그림 그리기를 그만두고 뭔가 다른 취미를 찾아보세요. 배드민턴이나 피아노는 어때요?"라는 충고를 들어도 그런 말에 귀를 기울일 필요가 없다. 그림을 그릴 때 정말 행복하다고 느낀다면 멈추지 마라. 누가 뭐라고 해도!

간단한 일로 들릴지 모르지만 실천할 수 있는 사람은 극소수다. 왜 하고 싶은 일을 하지 않는가라고 물으면 대답은 대개 정해져 있다.

"수입이 적어서 생계에 보탬이 안 된다" "나이가 많다" "돈이 많이 든다" 그리고 "그것을 할 만한 능력이 안 된다" "솜씨가 없다"

라고 말하고 사람들은 무거운 발걸음을 따분한 일터로 돌린다. 우리들은 자신에게 능력이 있는지 없는지를 지나치게 의식한다. 또 좋아하는 일을 하면 충분한 수입을 얻을 수 없을 것이라고 처음부터 조바심을 낸다. 그러나 걱정을 할 필요가 전혀 없다. 가장 좋아하는 일을 하면 저절로 의욕이 생겨 점점 잘할 수 있게 된다. 그리고 스스로 만족해하며 행복을 느낄 때 주위에는 사람과 기회 그리고 돈이 자연스럽게 따라온다. 물론 그렇게 될 때까지는 조금 시간이 걸린다. 당장은 전업할 수 없을지도 모른다. 조금씩 가능한 범위에서 시작하지 않으면 안 되며 수입도 처음에는 충분하지 않을지도 모른다.

현재의 직업을 포기할 때는 분명 용기가 필요하다. 그렇지만 여기에서 분명히 알아두어야 할 것은, 능력이 없으면 할 수 없다는 생각에 빠져 있으면 두려워서 발을 내디딜 수 없다는 사실이다. 주위를 보면 알 수 있지만 어느 직업이든 지위고하를 막론하고 대부분 평범한 사람들로 이루어져 있다. 그럼에도 그들은 돈을 벌고 지위를 손에 넣고 사회에서 인정받고 있다. 예를 들어 농구 선수들이 한데 모여 있다고 가정해보자. 그중에 마이클 조던처럼 뛰어난 재능을 지닌 사람이 몇 명이나 있는가. 야구의 투수는 모두 시속 160킬로미터 이상의 볼을 던지는가.

화랑에서 유명한 화가의 그림을 본 적이 있었다. 커다란 캔버스 위에 오렌지색의 가로 선이 하나 아무렇게나 그려져 있을 뿐인데, 그 그림에는 수천 달러의 가격표가 붙어 있었다. 하얀 캔버스 위에

선이 한 줄 그려진 그림, 그것을 보고 위대한 화가의 작품이라고들 한다. 이것이 뛰어난 재능의 표현인가. 재능이 있고 없고는 누가 결정하는가. 재능은 보는 사람의 관점에 따라 다르게 평가된다.

직장을 한번 둘러보자. 지나친 비약 같지만 나는 지위가 높을수록 무능한 사람이 많다고 생각한다. 내가 알고 있는 어느 고등학교의 교장은 교사, 교직원 들과 의사소통을 잘하지 못해 서로 완전히 고립되고 대립하는 상태에 있었다. 매사에 부정적이고 자신보다 우수한 사람에게 자리를 뺏기지 않을까 두려워하고 있었다. 교장으로서 처리해야 할 안건이 100개 있다고 하면 그 교장은 10개 정도밖에 해결하지 못했다. 그래도 그 교장은 직장에서의 권위와 사회적인 지위를 가지고 고수입을 얻고 있었다. 여기서 이 교장을 본보기로 삼고 싶은 것은 아니다. 다만 수입이나 지위를 얻기 위해 반드시 능력이 필요한 것은 아니라는 말을 하고 싶을 뿐이다. 능력이 없다고 포기해서는 안 된다. 현재의 능력을 기준으로 자신의 진로를 결정하는 행위는 잘못된 사회 통념에 몸을 맡기는 것으로 꿈을 추구할 기회조차 상실하게 한다.

능력에 관한 오해가 오늘도 당신을 따분한 일터에 옭아매고 있다. 고백하건대 목수 일에 있어서 나만큼 솜씨 없는 사람도 드물 것이다. 망치를 사용하는 것도 어설프고 드라이버를 어느 쪽으로 돌려야 나사가 들어가는지도 자주 잊어버린다. 내게는 톱으로 똑바로 자르는 일조차 만만치 않다. 다른 사람이 20분이면 할 수 있는 일을 내가 하면 1시간 이상 걸린다. 그래도 나는 목수 일이 즐겁다. 그중에서도 특히 개수 공사(길·제방·건물 따위를 고쳐 닦거나 짓는 일)가 가장 좋다. 목공 도구를 다루는 일도 재미있고 집 밖에서 하는 일이라 더욱 신이 난다. 차고 안에는 연장들을 나란히 배열해 놓은 작업장이 있다. 벽에 매달린 목공 도구와 전기 드릴, 전깃줄 같은 전동 공구 그리고 작업대까지 있다. 한 발짝 물러서서 이것들을 바라보면 정말 가슴 뿌듯한 행복감이 밀려온다. 톱밥 냄새마저 구수하다. 목공 도구 중에는 너무 오래 사용해서 낡고 고장이 난 것도 있고, 본래의 용도와는 다른 곳에 사용하는 것도 있다. 그래도 나는 계속 뭔가 만들었다. 가끔 손놀림이 능숙해진 자신을 발견하고 깜짝 놀라기도 했다.

이전에 삼나무로 목조 테라스를 만든 적이 있다. 테라스의 주위에는 벤치도 만들어놓았다. 시애틀 근교의 한 섬에 있는 내 별장을 증축한 것인데 테라스는 여기저기 삐뚤어져 마치 낙타의 등처럼 보였다. 말할 수 없을 정도로 엉망진창이었다. 목공 공사를 제대로 하는 사람이 보면 배꼽을 잡고 웃을지도 모른다. 그러나 그 테라스는 만든 지 25년이 지났지만 아직도 튼튼하고 어디 하나 부서지지 않았다. 나 혼자 만든 그 테라스를 볼 때마다 그때의 즐겁고 행복했던 기억이 되살아난다. 해 질 무렵 테라스를 바라보며 혼자 벤치에 앉아 있으면 가슴속에 애틋한 감정이 되살아난다. 테라스의 못 하나하나, 나뭇결 하나하나가 마치 내 일부분인 양 소중하게 느껴진다. 아무 생각 없이 테라스를 바라보다 말고 그럴 때는 혼자서 씨익 웃어버린다. 그 정도로 나는 이 테라스가 마음에 든다.

내가 이 이야기를 한 이유는, '비록 솜씨는 없지만 나는 목수 일을 포기하지 않는다'는 말을 하고 싶었기 때문이다. 누구나 좋아하는 분야가 있게 마련이며 그것은 선천적으로 갖게 되는 것이다. 남과 비교하거나 비평하기 위해 있는 것이 아니다. 무엇보다 무시하거나 억압하기 위한 것이 아니다. 자신을 살리기 위한 것이고 자신을 표현하기 위한 것이다. 누군가에게 지독한 목소리라는 말을 들었다고 해서 낙담하고 있을 필요가 없다. 노래하고 싶다면 큰 소리로 노래하라.

1940년대와 1950년대에 활약한 재즈 피아니스트 에롤 가너는 악보를 읽지 못했다. 피아노가 없었기 때문에 창가에 앉아서 창틀 위에 손을 얹고 손가락을 움직여가면서 곡을 외웠다. 전설적인 테니스 선수인 판초 곤잘레스는 테니스 레슨을 전혀 받은 적이 없었다. 처음으로 코트에 들어서던 날, 그도 "도저히 안 되겠다. 이런 운동은 한 번도 해본 적이 없어"하고 실망했다는 사실을 알고 있는가? 현재 재능을 인정받아 유명해졌지만 신인 무렵에는 심한 비평을 받았던 사람도 많이 있다. 농구 선수 마이클 조던은 고교 시절에는 그다지 눈에 띄지 않는 선수였다. 그래도 포기하지 않고 노력해서 오늘날 위대한 스타의 반열에 오르게 되었다. 에이브러햄

링컨은 몇 번의 낙선을 겪은 후에 대통령에 당선되었으며 윈스턴 처칠도 위대한 정치가라는 말을 듣게 되기까지 많은 실패를 경험했다.

주위를 둘러보라. 관리 능력 없이 관리직을 꿰차고 있는 사람들이 도대체 얼마나 많은가. 손님에게 불친절한 백화점 점원과 수리 전보다 오히려 더 나쁜 상태로 만드는 수리공, 환자를 오진하는 의사, 잘못된 지식과 정보를 주는 교수와 변호사, 세무사, 이 외에도 회사를 망하게 하는 경영자들과 경제를 불황의 늪으로 떨어뜨린 정치가들이 세상에 얼마나 많이 있는가. 누가 보아도 무능한 사람이 전문 분야에서 일하고 있는 모습을 본 적이 있을 것이다. 당신도 유능하지 않다고 해서 자신의 꿈을 포기할 필요는 없다. 유능한가 무능한가는 주관적인 문제일 뿐, 능력을 비관하여 하고 싶은 일을 포기하는 것은 어리석은 일이다.

7
'결단'에 관한
거짓말

결단은 될 수 있는 대로 천천히 내리는 것이 좋다.

상황의 본질을 깨닫지 않은 채 무리하게 결단을 내리면 안 된다

'빨리 결정하지 않으면 안 된다', '효율이 나빠지고 생산성이 떨어지니 분발해라', 세상은 우리를 이렇게 세뇌한다. 그러나 결심을 망설이며 자꾸 뒤로 미루는 것은 일을 진행하는 과정에서 지극히 자연스럽고 필요한 행동이다. 결코 나쁘다고 볼 수 없다. 우리가 꾸물거리며 결단을 내리지 못하고 있는 사이에 우리 안에서는 잠재의식이 정보를 수집하여 다음에 일어날 사태에 미리 대비하고 있다. 망설이고 있는 것처럼 보이지만 사실은 무의식적으로 정보를 처리하고 있는 중이다. 인생이라고 하는 방정식의 한 페이지 앞을 풀기 위해 나아가고 있는 셈이다. 그때 우리는 정보를 수집하여 소화한 다음, 일이 명확해질 때까지 시간을 번다. 자꾸 망설이게 되는 이유는 잠재의식에서 '아직 때가 되지 않았으니 기다려라' 또는 '아직 행동할 시기가 아니다'라는 메시지를 보내오기 때문이다.

해야 할 일을 하지 않고 있으면 게으르고 의욕이 없는 사람으로 비친다. 그러나 사실은 행동에 필요한 준비와 정보가 아직 갖춰지지 않았기 때문에 기다리고 있는 것이다. 명확하게 상황을 파악하지 않으면 나중에 반드시 문제가 생긴다. 또 성급한 행동이나 일단 상황만 모면하고 보자는 임기응변식 대처도 비슷한 결과를 초래한다. 모두 사태의 본질을 파악하지 않았기 때문이다. 상황을 확실히 손에 넣지 않으면 굳은 결의가 생기지 않을 뿐 아니라 현명한 판단도 할 수 없게 된다.

나는 지금까지 결단이 느리다거나 꾸물거린다는 말을 자주 들어왔다. 아버지는 그런 내게 굼벵이라고 핀잔을 주셨지만 나는 그렇게 생각하지 않았다.

"지금까지 많은 일을 끝까지 잘 해냈잖아요. 그런데 왜 제가 굼벵이죠?"

"너는 항상 생각이 너무 많아. 생각을 하면서 시간을 허비하고 있지."

나는 그 말에 대해 잠시 생각해보았다. 솔직히 말하면 몇 년 동안 생각했다. 아버지의 뜻대로, 행동하기 전에 생각하는 버릇을 없애려고 노력했다. 그러나 아버지가 돌아가신 다음 그것이 나를 괴롭히고 있다는 사실을 깨달았다. 또한 내 생각이 옳았다는 것도 깨달았다. 일의 본질을 명확하게 알고 있는데도 결단을 미루는 경우라면 당연히 아버지의 말씀이 옳다. 그러나 나는 사태의 본질을 파악하기 위해 사전에 충분히 생각했던 것이고 상대방과 상황을 충분히 이해하기 전까지 어떤 행동도 하지 않았던 것이다.

명확한 이해가 명확한 결의를 이끌어주며 그런 결의를 갖고 시작하면 자연히 책임감도 따라온다.

신중한 결단은 최고의 선택으로 이끈다

결단을 연기하는 행위는 또 다른 효과를 가져온다. 자신에게 정신적 또는 육체적으로 바람직하지 못한 상황을 피할 수 있게 도와준다. 거의 모든 일에 있어서 어느 상황으로 들어가는 편이 거기에서 빠져나오는 것보다 훨씬 간단하다.

연애와 결혼이 좋은 예다. 사람을 좋아하게 되는 것은 순식간이지만 헤어질 때는 몇 년이 걸리기도 한다. 나는 내 연애와 결혼의 실패를 되돌아보면서 분명 마음 한구석에 망설이는 감정이 있었는데도 불구하고 그것을 무시한 채 결정했던 일을 지금도 후회하고 있다. 잠재의식이 틀린 경우는 없다. 당신의 중심에 망설이는 기분이 있고 도무지 마음이 내키지 않을 경우, 그것은 잠재의식에서 보내는 메시지다. 잠재의식은 타협을 모른다. 받아들일 것인가 저항할 것인가, 둘 중 하나다.

1971년, 세계적인 항공사인 보잉 사의 대량 해고로 시애틀 일대가 불황의 재난으로 뒤덮였을 때, 내게도 그 재난이 닥쳐왔다. 당시 나는 무엇이든 남보다 갑절로 열심히 일했고 본업 외에 다른 아르바이트도 하면서 하루하루를 바쁘게 보내고 있었다. 그러나 그렇게 직장을 잃은 뒤에 갑자기 할 일이 없어지고 수입과 저축이 바닥을 드러내자 심각한 박탈감이 찾아왔다. 남는 시간을 주체할 수가 없었다. 그런데 평소 돌아보지 못했던 집안일을 하기 위해 정원 손질과 내부 수리를 시작하면서 이번에는 반대로, 직업 찾는 일을 자꾸만 뒤로 미루고 있는 나를 발견했다.

나는 그다지 내키지 않았지만 초조한 마음에 급히 이력서를 써서 100여 개의 회사에 보냈다. 며칠 후 몇몇 회사에서 면접 통지서가 날아왔는데 어찌 된 영문인지 면접 날만 되면 몸이 축 늘어져서 조금도 꼼짝할 수가 없었다. 겨우 일어나서 와이셔츠에 넥타이를 매고 면접장으로 향했지만 아무래도 이상했다. 무엇보다 면접을 보고 있는 내 태도가 본래의 모습과 많이 동떨어져 있었다.

나는 상당히 카리스마가 있고 평판도 좋은 편이었다. 특히 면접 같이 자신을 내보이는 장소에서는 조리 있는 말솜씨로 언제나 두각을 나타냈다. 그렇지만 이번만은 면접이 있을 때마다 의기소침하고 자신감을 잃어버려 자리를 지키고 있는 것조차 힘들었다. 결과적으로 모든 면접에서 떨어졌다. 생각을 또박또박 말하지 못했고 면접관이 인생 설계에 대해 물어봐도 작은 목소리로 얼버무렸기 때문이다.

면접이 끝난 후에는 약간의 허탈감이 들었지만 그래도 좋아하지 않는 일을 하지 않아도 된다는 생각에 안도의 한숨을 내쉬었다. 재취업을 못해 초조해하면서도 마음 한구석에서는 또 다른 목소리가 들려오고 있었다. 결코 입으로 내뱉은 적은 없지만 사실은 실업자 생활을 즐기고 있었던 것이다. 주위 사람들은 내가 꾸물거리며 결단을 뒤로 미루고 있다고 생각할지도 모른다. 그렇지만 서재에 가만히 앉아 깊은 생각에 잠기거나 정원을 가꾸고 가족들과 함께 긴 시간을 보내는 것도 즐거운 일이었다. 물론 실업 그 자체를 기뻐하고 있던 것은 아니다. 형편은 날로 어려워졌고 대출금에 대한 부담은 내 어깨를 더욱 무겁게 했다.

어느 날 커피를 마시면서 옛날 일을 회상하다가 1963년 한 중학교에서의 경험이 생각났다. 그때 그 학생들이 변화하는 모습은 정말 감동이었다. 그 체험에 대해 생각하는 동안 나는 나 자신의 고통을 해결할 수 있는 방법을 깨달았다. 가야 할 길은 분명했다. 자신이 열중할 수 있는 일을 찾아 그것을 실천하는 것이다. 문제를 빨리 해결하려고 서두른 나머지 이 단순한 원칙을 잊어버리고 있었다. 해결 방법이 너무 가까이 있어서 삶에 응용하는 법을 무심코 잊고 있었다. 거기까지 생각이 미치자 차례로 아이디어가 떠오르기 시작했다.

사람들이 믿고 있는 잘못된 통념과 흥미나 관심, 호기심의 원천을 찾는 방법, 그것을 실생활에서 활용하는 방법 등을 행여 놓칠세라 노트에 마구 써 내려갔다. '소스 프로그램'은 이렇게 탄생했다.

내가 '결정은 될 수 있으면 천천히 내리는 것이 좋다'는 말을 실천하지 않았다면 소스 프로그램은 태어나지 못했을 것이다. 의욕을 전혀 느낄 수 없는 일을 하기 위해 면접을 보러 다니는 행위는 내게 최선의 방법이 아니라는 사실을, 잠재의식은 내 상태를 이미 정확하게 해석하기 시작했기 때문에 알고 있었던 것이다. 잠재의식 때문에 당장은 일거리를 잃었지만 오히려 그 덕분에 우울하고 따분한 인생의 막을 내릴 수 있었다. 그때 내게 필요한 것은 이전에 모은 정보를 숙성시켜 정리하는 것이었다. 마음의 내면을 살펴서 올바른 답을 찾아야 했다. 지금까지 내가 타고 있던 기차의 선로에서 벗어나 다른 방향으로 향할 필요가 있었다.

새로운 선로를 타기 시작하면서 나는 원하는 지점을 향해 갈 수 있게 되었다. 내 인생의 진정한 운전자가 된 것이다. 그렇기 때문에 의욕이 생기지 않을 때는 마음껏 게으름을 피운다. 자꾸만 뒤로 미루고 싶은 마음은 휴식이 필요하다는 신호이기 때문이다. 인생의 방정식이 정말 어려워서 잠재의식이 정보처리를 끝낼 때까지 시간이 조금 더 걸릴 뿐이다. 그러나 그것은 잠깐이다. 물론 경우에 따라서는 꽤 긴 시간이 필요한 경우도 있지만.

어디에도 마음이 끌리지 않아 결정을 뒤로 미루고 싶을 때는 잠재의식이 정보처리를 하고 있는 중이라고 생각하자. 정보처리를 완료할 때까지 충분한 시간을 제공하면 잠재의식은 그 정보를 선명하게 인쇄하여 보여줄 것이다. 빨리 결정하고 행동하는 것에 미숙하다고 자신을 책망해서는 안 된다. 또 주위에서 비난해도 조급해하지 말자. 마음의 준비가 안 됐거나 자신의 기분이 확실하지 않을 때는 결코 무리해서 시작할 필요가 없다.

8
'타협'에 관한 거짓말

> 하고 싶은 것은 모두 할 수 있다. 아니, 하고 싶은 것이 있다면 모두 해야 한다.
> 실제로 풍요로운 인생을 보내고 있는 사람들은 하고 싶은 것을 모두 하면서 살고 있다.

이런 생각은 이것이 하고 싶으면 저것은 포기하라고, 모두 하고 싶다는 생각은 욕심이라고 가르치는 '타협의 법칙'을 정면에서 부정하는 것이다. 우리에게는 하고 싶은 것을 마음껏 즐길 권리가 있다. 그것은 지나친 억지도 욕심도 아니다. 모순된 사고방식에서 자신을 해방시키면 자연히 모두 할 수 있게 된다. 인생의 균형을 깨뜨리는 사회적 편견들을 집어던지면 노력하지 않아도 자연히 그렇게 될 수 있다. 가족과 사회, 세상에 대해 책임 있는 삶 그리고 무엇보다 자기 자신에 대해 책임 있는 삶을 살면서 마음에서 소망하는 것을 모두 실현할 수 있다. 그리고 이렇게 자신에 대해 책임 있는 삶을 사는 사람만이 다른 사람들에 대해서도 책임을 질 수 있다.

6장 "'능숙함'에 관한 거짓말"에서 말한 바와 같이 능력이란 일정한 활동을 하기 위해 연습해서 축적한 기술이다. 이와 다르게 열정은 마음에서 충동적으로 솟아나는 감정이다. 그것을 하지 않고는 견딜 수 없고, 하게 되면 비로소 마음의 만족을 얻을 수 있는 것이다. 능력은 경험을 쌓으면 쌓을수록 능숙해지지만 반드시 그 사람의 흥미나 관심, 호기심과 일치한다고 볼 수 없다.

만약 그런 감정을 무시하고 능력만을 추구한다면 삶의 기쁨이나 만족(소스)을 느낄 수 없는 따분한 인생을 보내게 될 것이다. 비록 능력이 없어도 꿈을 향한 열정이 당신을 이상적인 삶으로 데려다줄 것이라고 믿고 실천하자. 능력이 없다고 해서 꿈을 무시해서는 안 된다. '두 마리 토끼를 쫓으면 한 마리도 못 잡는다'는 속담이 있다. 꿈을 모두 이루기 힘든 상황에서는 어느 쪽이든 한 가지만 선택해야 된다는 뜻이다. 그러나 사실은 흑과 백, 양자택일의 논리로 시계추처럼 극단에서 극단으로 흐르는 생각일 뿐이다.

내 새로운 친구인 주디스는 대기업 라디오 방송국의 아나운서로 진짜 꿈은 텔레비전 뉴스 캐스터가 되는 것이었다. 그렇지만 시애틀에는 텔레비전 방송국이 세 개밖에 없고 경쟁도 치열해서 그 지역에서 뉴스 캐스터가 될 가능성은 제로에 가까웠다. 주디스는 뉴스 캐스터가 되는 꿈을 포기할 수 없다는 생각을 가지고 소스 프로그램을 듣게 되었다.

그녀가 시애틀을 고집하는 이유는 남편이 그곳에서 변호사로 일하고 있어 쉽게 다른 곳으로 이주할 수 없었기 때문이다. 그럼에도 뉴스 캐스터의 꿈을 실현하기 위해서는 좀 더 기회가 많은 대도시로 가야한다는 생각에는 변함이 없었다. 다른 사람이 보기에도 집안 사정과 그녀의 꿈은 양립할 수 없을 것같이 보였다. 그러나 나는 주디스의 양자택일의 논리는 잘못되었고 가정과 일, 어느 쪽도 포기할 필요는 없다고 얘기했다. 그녀는 믿을 수 없다는 듯이 대답했다.

"그건 무리예요. 시애틀에서 캐스터가 되기란 하늘의 별따기죠. 옆 도시에서 일자리를 구하면 남편과 떨어져 살든지 이사를 가는 수밖에 없는데, 그렇게는 할 수 없어요."

나는 말했다.

"구체적으로 어떻게 해야 하는지 내게 물어보는 건 곤란합니다. 그건 당신이 직접 발견해야 하는 거니까요. 내가 하고 싶은 말은 둘 다 가능하다는 겁니다. 어때요? 하지만 당신의 생각이 바뀌기 전까지 결코 해결책은 나오지 않습니다. 잘못된 사고방식을 가지고 살아왔기 때문에 원하는 것을 모두 이루면서 산다는 게 믿기 어려울 거예요."

주디스는 소스 프로그램을 끝까지 마친 후 일뿐 아니라 인생의 여러 방면에서 자신의 가능성을 발견했다. 그 결과 텔레비전의 뉴스 캐스터가 되고 싶다는 꿈은 더욱 간절해졌다.

소스의 실현 방법 가운데 하나로서 이 책의 14장 "한 걸음 한 걸음 나아가라"에서 설명하는 '작은 한 걸음'이라는 생각법이 있다. 거기에는 꿈의 내용을 작게 세분화해서 조금씩 실현해갈 것을 권하고 있다. 이 생각법에 따라 주디스는 시애틀에서 멀리 떨어진 텍사스 주의 작은 유선 방송국에서 파트타임으로 근무하게 되었다. 이렇게 해서 주디스는 꿈에 한 걸음 다가갔다. 하지만 대도시의 유명 방송국에서 일하고 싶다는 소망을 실현하기에는 아직 미비한 수준이었다. 또 가정과 일의 양립이라는 딜레마는 여전히 남아 있었다. 그래도 주디스는 포기하지 않았다.

우선 방송국의 매니저를 만나 자신의 꿈과 처한 상황에 대해 솔직하게 얘기했다. 그러자 매니저는 1년 중 6개월간 일하는 조건으로 고용 계약을 체결하고 일주일 간격으로 텍사스에서 일할 것을 제안했다. 그렇게 하면 텍사스에 근무하면서 일주일 간격으로 시애틀로 돌아가 가족과 함께 보낼 수 있게 되는 셈이다. 주디스는 이렇게 텍사스 주에서 방송국 일을 시작했고, 그곳에서 일하는 모습을 영상으로 기록해 시애틀에서의 구직 활동에 사용할 수 있게 되었다.

주디스를 괴롭히던 딜레마는 잘못된 사고방식이 그 원인이었다. 당시 그녀는 알아차리지 못했지만 '뉴스 캐스터는 시애틀을 벗어난 큰 도시의 주요 방송국에서만 해야 한다' '결과적으로 일과 가정 가운데서 하나만 선택해야 한다' 같은 선입견을 가지고 있었다. 이런 답답한 사고방식에 묶여 공전을 계속하다 보니 점점 해결책을 찾을 수 없게 된 것이다.

　주디스뿐 아니라 누구든지 잘못된 사고방식에 기반한 모순을 깨부수기 위해서는 자신의 꿈을 모두 실현할 수 있다는 쪽으로 사고를 전환해야 한다. 나는 주디스에게 현재의 상황을 유념하면서 새로운 해결책을 찾아보도록 조언했다. 텍사스의 일은 영구직이 아니라 꿈에 도달하기 위한 한 단계에 지나지 않으며 텍사스에서 자신의 열의와 재능을 증명하면 자연히 길이 열린다는 것, 또 그녀가 새로운 직업 경력을 추구하는 동안 가족이 정신적인 버팀목이 되어줄 것이라고 조언했다. 주디스는 뉴스 캐스터라는 꿈과 가족의 유대감이라는 두 가지 욕구를 새로운 일에 집중시킨 결과, 자신의 마음을 끓어오르게 하는 원천을 발견할 수 있었다.

인생에서 타협은 매우 중요하다고 대부분의 사람들이 믿고 있다. 그러면서 '사랑'이라는 이름 아래 커다란 희생을 지불하고 있다. 바로 결혼을 위해 자신의 꿈을 포기하는 행동인데, 이런 결단은 좋은 생각으로부터 나온 것이 아니라면 상당히 위험하다.

　헤럴드는 자유분방한 생활을 좋아해서 오래전부터 세계 여행을 꿈꿔왔다. 그렇지만 그의 여자 친구는 여행을 싫어했고 한곳에 정착하길 원했다. 그녀와 결혼하기 위해서 할 수 없이 헤럴드는 자신의 꿈을 접으려고 했다. 그때 내가 그 여성과는 결혼하지 말라고 솔직하게 말하자 헤럴드는 적잖게 놀랐다. 나는 그 이유를 설명했다.

"좋은 배우자를 선택하는 방법에 대해 아버지께 들은 적이 있어요. 당신을 진심으로 좋아하고 당신의 꿈을 이해하면서 응원해주는 상대가 바로 좋은 배우자죠. 당신의 인생에서 하나라도 뭔가 없애려고 든다면 결코 좋은 배우자가 아닙니다."

우리들은 자신이 좋아하는 일을 하려면 뭔가 희생이 뒤따른다고 배웠고 그러한 사고방식에 얽매여 현실에 순응하며 살고 있다. "지금 하는 일은 너무 따분하다" "비행 훈련 교관이 되고 싶다" "연극배우가 되고 싶다" "해외 명차에 관련된 사업을 하고 싶다"고 말하면서도 "그래도 지금 하고 있는 일을 그만둘 수는 없어. 우선 먹고사는 일이 중요하니까"라며 꿈을 접고 있지는 않은지. 자신의 생각대로 인생을 디자인해보라. 꿈은 모두 이룰 수 있다. 타협은 필요하지 않다. 자신이 갖고 싶은 것을 모두 손에 넣기 위해서는 유연한 사고와 전혀 새로운 사고방식이 필요할 뿐이다.

인생이 타협의 산물이고 양자택일의 결과라는 말이 아직 존재하는 것은 당신이 그렇게 믿고 있기 때문이다. 당신은 인생의 디자이너이자 엔지니어고 설계사다. 자신의 꿈을 충족해줄 인생을 직접 디자인해보자.

9
'우선순위'에 관한
거짓말

우선순위는 인생의 균형을 무너뜨린다.

"꿈에 순위를 매기지 말라는 건 무슨 뜻입니까? 사진가로 유명해지려면 다른 꿈보다 그쪽에 우선순위를 두는 게 당연하잖아요. 저는 연극도 하고 싶고, 영화도 만들고 싶고, 희곡이나 소설을 써보고 싶어요. 할 수만 있다면 전부 다요. 그래도 가장 하고 싶은 건 사진이기 때문에 다른 꿈들은 어쩔 수 없다고 봅니다. 사진에 전념하지 않으면 사진작가로 성공하기 힘들거든요."

꿈에 우선순위를 매기지 말라는 말을 듣고 그라빈이 언젠가 이렇게 반문했다. 그는 뛰어난 글 솜씨를 가진 사람이었다.

"그래서는 안 됩니다. 결국 모든 꿈을 이룰 수 없을 거예요."

내가 대답하자 그라빈은 한마디 덧붙였다.

"그래도 모두 다 한다는 건 불가능하다고 생각합니다."

"문제는 꿈에 우선순위를 매긴다는 사실입니다. 영화나 연극을 만들고 글을 쓰는 일, 아웃도어 스포츠같이 그라빈이라는 인물을 완성하고 있는 모든 요소들을 무시하고 사진에만 정열을 쏟는다면 맨 밑에 있는 욕구는 아무리 시간이 지나도 채워지지 않을 겁니다. 평생 소설을 쓸 수 있는 시간은 단 1분도 주어지지 않을 거예요. 영화 스태프가 되는 일도 더더욱 불가능하죠. 당신은 이런 것을 옆에 두고 쳐다보지도 않을 겁니다. 꿈이 먼지를 덮어쓰면 언젠가는 시간도 기력도 없어지게 마련이죠."

우선순위를 매기게 되면 어딘지 무리가 가고 부자연스럽다. 일반적인 성공 지침서에는 일에 우선순위를 매기라고 가르치지만 인간의 기본적인 욕구가 관계된 자기실현이란 면에서 우선순위는 마이너스 효과밖에 없다. 우선순위의 필요성을 주장하는 사람들은 자신에게 가장 중요한 것들을 열거하여 순번을 매긴 다음 리스트의 제일 윗부분부터 실천하라고 가르친다. 자신의 욕구와 계획, 꿈과 흥밋거리에 순번을 매기라는 셈이다. 이런 방법을 사용하면 리스트의 아랫부분은 거의 실천할 수 없게 된다.

그렇지만 많은 경우, 리스트의 최후에 있는 꿈이 가장 즐겁고 마음에 만족을 준다. 이 점에 문제가 있다. 많은 사람이 일을 가장 우선시한다. 그 때문에 가족관계가 서먹해지고 재정과 건강에 문제가 생기기도 한다. 하루하루가 무미건조하고 살아갈 의욕을 찾지 못해 고민한다. 바로 이런 사람이 '우선순위'라는 잘못된 생각의 희생양이다.

하나의 꿈만을 언제나 우선순위로 두면 반드시 인생의 균형이 깨진다. 또 모든 일에 우선순위를 매기는 사람은 인간이 여러 가지 요소로 이루어진 복합체라는 사실을 잊어버리고 인간을 마치 공장의 기계처럼 여기게 된다. 언제나 우선순위에 따라 사는 사람은 좀처럼 마음의 만족을 느끼기 힘들고 중요한 선택을 해야 하는 순간에 여러 각도로 사고할 수 있는 능력을 잃어버린다. 이와 같은 상태에서 최고의 선택이란 있을 수 없다.

내가 소스 프로그램에서 우선순위에 대해 설명할 때, 참가자 중 한 사람인 브라이드는 이런 말로 반론했다.

"집을 지으려면 우선 토대를 세우는 일이 첫 번째이고, 다음으로 벽을 만들고, 1층의 마루를 만들어야 하는 것처럼 모든 일에는 우선순위가 꼭 필요하지 않을까요?"

내 대답은 명료했다.

"일을 하나씩 순서대로 실행하는 것과 우선순위를 매기는 행위는 별개의 문제입니다. 건축을 예로 들어봅시다. 집을 지을 때 토대를 세우는 일, 그것만이 가장 중요하다고 생각한다면 어떻게 될까요? 말하자면 집을 짓는 장소와 경치, 설계, 건재의 품질, 예산 등 다른 부분은 아무래도 상관없고 토대만을 최우선으로 생각한다는 뜻입니다. 만약 그렇게 되면 착실하게 제대로 된 집을 지을 수 없을 겁니다. 토대도 중요하지만 지금 열거한 다른 점들도 똑같이 중요하다는 뜻이죠. 모두에게 같은 시간과 주의를 할애할 필요가 있습니다."

인생 설계를 생각할 때에도 여러 가지 요소를 고려할 필요가 있다. 그러나 대부분의 사람들은 이런 식으로 생각한다.

'내게 있어 첫 번째는 일이다. 다음 주는 야근까지 있어서 근무 시간이 60시간은 족히 되겠는걸? 먹고살려면 어쩔 수 없지 뭐. 시간이 나면 옛날에 치던 기타도 한번 꺼내봐야겠다. 튜닝만 하면 아직도 쓸 만한데 말이야.'

그리고 다음 주가 끝날 무렵에는, 이렇게 생각한다.

'휴, 오늘도 바빠서 기타고 뭐고 아무것도 못했다. 이번 주는 끝났으니깐 할 수 없고 다음 주에 시간 나면 꼭 해야지.'

다음 주에도, 다음 달에도, 다음 해에도 바빠서 기타를 연주할 시간은 없다. 우선순위가 낮은 것은 언제나 리스트의 아래에 있어서 좀처럼 실천할 기회를 얻지 못한다. 그러는 사이 체력과 기력이 소진되고 스트레스와 억울함, 무기력, 불면, 두통 등을 호소하는 이른바 '번아웃(탈진) 증후군'이 되어버린다. 부부간, 연인 간, 부모 자식 간의 골이 깊어지고 몸과 마음의 건강에 문제가 일어나기도 한다.

자신을 향해 한번 이렇게 이야기해보는 것은 어떨까?

"좋아, 이제부터 균형 있는 생활을 해보자. 우선 업무를 줄이고 전부터 하고 싶었던 일들을 하나씩 찾아보자. 우선 벽장에서 기타를 한번 꺼내볼까? 이번 휴일에는 낚시여행을 가야지. 하고 싶은 일을 더 이상 뒤로 미루지 말자. 이제 분명히 알았다, 무엇이 중요한지. 지금까지 잊고 있었을 뿐이다."

1986년 1월, 미국의 우주왕복선 챌린저호가 발사 직후 몇 초 만에 공중 폭발하여 일곱 명의 비행사 전원이 사망했다. 세계의 우주 개발 사상 최대의 사고였다. 원인은 오른쪽 보조 추진 로켓 이음새에 사용된 부품의 결함에 있었다. 접합 부분의 설계 자체가 처음부터 잘못되었고 접합부의 고리도 저온에서 수축하는 바람에 액체연료가 새어 나왔다. 무엇보다 놀라운 것은 엔지니어들은 우주왕복선이 발사되기 전부터 문제를 알고 있었다는 사실이다. 그러나 발사 예정 시간을 연기할 수 없다는 정치적 압력에 의해 이 안전 문제는 우선순위 밖으로 밀려났다. 챌린저호의 안전보다 발사를 서두르자는 정치적 판단이 우세했기 때문이다. 사고의 근본적인 문제는 발사 직전까지의 안전 관리를 포함해서 우선순위를 붙이는 방법에 있었다.

우리는 자신의 생활에서 우선순위를 매길 때 항상이라고 해도 좋을 만큼 잠재의식과 직관의 목소리에 귀를 잘 기울이지 않는다. 균형 잡힌 삶을 유지하려면 어떻게 해야 하는지 가르쳐주는 마음의 목소리를 듣지 않고 세상이 가르쳐준 이성만으로 결단하기 쉽다. 이렇게 되면 당신의 인생에도 '챌린저호'의 사고가 일어난다.

우리들은 정신적으로, 육체적으로, 지적으로 만족을 추구하는 전인적 존재다. 자신의 욕구를 부분으로 나누어 그중 한두 개만을 만족시킨다고 해서 절대 행복해지지 않는다. 꿈에 우선순위를 매겨서도 안 된다. 꿈은 모두 중요하며 모두 살려야 한다.

인생에 있어서 중요한 것은 오직 하나, 자신이 태어난 목적을 찾아 몸과 마음을 만족시킬 수 있는 방향으로 걸어가는 것이다. 태어나면서 자연스럽게 갖게 되는 꿈과 열정을 모두 실현할 수 있는 방향으로 말이다. 인생의 목표 지점을 정하지 말고 '방향'만 결정하자. 달성해야 하는 '목표'를 정하면 창조성과 유연성을 잃어버리면서 스트레스가 많아진다. 반대로 방향만을 결정해 나아가면 실패가 없다. 이 점에 대해서는 나중에 자세하게 설명하겠다.

10
'현실성'에 관한
거짓말

> 현실성이 없다는 비판을 들어도 자신의 꿈을 포기하지 마라.
> 실재하는 현실은 오직 하나, 당신이 자신에게 창조해주는 현실밖에 없다.

"언제까지나 꿈을 좇고 있을 거냐. 좀 더 현실적으로 생각해라."
"세상은 그렇게 만만하지 않다. 그런 일로 먹고살 수 있을 턱이 없
다."라고 세상은 충고하고 비판한다. 누군가 현실적으로 생각하라
고 말할 때 그 말의 진짜 의미는 '당신이 하고 싶은 것 외에 다른
일을 알아보라'는 뜻이다.

1942년, 캐나다·아메리카 야구 리그에서 피트 그레이 선수는
42경기에서, 3할 8푼의 타율을 기록했다. 1944년에 마이너리그 멤
피스 팀의 선수로 활약할 때는 홈런 5개, 도루 68개를 성공함으로
써 마이너리그 최우수 선수에 선발되었다. 그 결과 그레이 선수는
다음 해인 1945년에 세인트루이스 브라운스의 선수로 뛸 수 있는
기회를 잡았다. 양키스와의 더블헤더(1일 2경기)에서 피트는

4안타 2득점을 하고 수비에서도 외야로 날아가는 공을 9번 잡았다. 이런 기록만 보아도 훌륭한 선수임에 틀림없지만 무엇보다 대단한 것은 그레이 선수의 플레이 스타일이었다. 사실 피트 그레이 선수는 외팔이였다. 그는 어린 시절에 교통사고로 오른쪽 팔을 잃었다. 본래는 오른손잡이였으나 사고 후에는 왼손으로 볼을 던지고 때리는 연습을 했다. 한쪽 팔밖에 없었지만 그레이 선수는 어떤 선수의 볼도 놓치지 않는 명외야수였다. 발이 빨라서 도루의 명인이기도 했다. 외야수로서 그의 플레이는 실로 놀라웠다. 날아오는 볼을 잡자마자 팔이 없는 오른쪽 겨드랑이에 글러브를 끼고 잡은 볼을 가슴 위에서 굴려 왼손으로 잡아 던졌다. 그것은 눈깜짝할 사이에 이루어졌다.

서울 올림픽에서 미국 야구팀에 금메달을 안겨준 명왼팔투수 애벗은 선천적인 장애로 인해 한쪽 팔이 불편했지만 메이저리그에서 노히트노런을 달성할 정도로 명투수였다. 한쪽 팔만으로 야구를 하는 것은 현실적으로 불가능하다고 말하는 사람들의 목소리에 귀를 기울였다면 그레이 선수도 애벗 선수도 야구 선수가 될 수 없었을 것이다.

소스 프로그램을 수강한 제프의 아들도 한쪽 팔로 축구 선수가 되어 최우수 수비 선수상과 '가장 용기를 준 선수'에게 주는 상을 받았다고 전해 들었다.

옛날 사람들의 말만 믿었다면 우리는 아직도 지구가 평평하다고 생각할지도 모른다. 수평선에 닿을 때까지 배를 저어 가면 낭떠러지로 떨어져버린다는 두려움 때문에 항해할 엄두도 못 냈을 것이다. "배를 증기로 움직이게 한다고? 이런 바보 멍청이"라는 세상의 목소리에 귀를 기울였다면 로버트 풀턴의 증기선도 결코 발명될 수 없었다. 만약 소니가 다른 사람들의 무책임한 목소리나 시장조사만을 믿었다면 녹음 기능이 없는 휴대용 카세트 플레이어 워크맨은 영영 빛을 보지 못했을 것이다. 시장조사에서 워크맨은 수요가 없을 것이라는 결과가 나왔기 때문이다.

내가 이야기하는 요점은 간단하다. 개인의 능력과 마찬가지로 현실적인가 아닌가를 결정하는 잣대는 바로 본인의 주관이라는 것이다.

3 소스를
   실행하는
   6가지 방법

11
꿈의 리스트를
적어보라

2부에서는 많은 사람들이 믿고 있는 '거짓말'에 대해 알아보았다. 이제 3부에서는 소스 프로그램을 실행하기 위한 구체적인 방법에 대해 살펴보기로 한다.

소스 프로그램은 자신이 좋아하는 것을 발견하는 데서 시작한다

여기에서는 무엇보다 누구나 갖고 있는 자신만의 꿈을 깨닫는 것이 중요하다. 이 세상 모든 이들의 마음속에는 겉으로 드러나지 않아도 자신만의 꿈을 향한 열정이 숨어 있다.

소스 프로그램은 바로 이 열정을 중심으로 전개된다. 소스 프로그램은 자신의 내면에 있는 자신도 통제하지 못하는 흥미나 관심거리가 무엇인지 아는 데서 시작한다.

마음을 움직이는 원천이 무엇인지 이미 알고 있는 사람도 있겠지만 그렇지 않은 사람도 상당히 많으리라 생각된다. 자신이 무엇을 좋아하는지 모른다면 혼자 조용히 거닐면서 생각을 정리하는 것도 좋은 방법이다. 과거와 현재 그리고 가까운 미래에 자신이 무엇을 좋아했고 또 무엇을 하고 싶어 하는지 생각해보자. 무엇을 할 때 가장 행복했는지 과거를 돌이켜본다. 장난감을 조립할 때가 즐거웠는지 아니면 산에 올라 새 지저귀는 소리를 들을 때가 좋았는지, 잠깐 과거로의 여행을 떠나보자. 로큰롤을 좋아했던 사람도 있을 테고 8밀리 필름으로 영화 찍기를 좋아했던 사람도 있을 것이다. 아니면 골동품 가게를 기웃거릴 때가 좋았다는 사람도 있을 것이다. 무엇을 했을 때 자신의 심장이 방망이질쳤는지 곰곰이 생각해보자.

1971년, 직장을 잃고 나서 소스 프로그램의 기본을 다시 발견했다는 이야기는 이미한 바 있다. 그때 나는 새 직장은 더 이상 내게 별 의미가 없다는 사실을 깨달았다. 정말 찾아야 할 것은 인생이 나아가야 할 방향에 맞는 새로운 '삶의 방식'이었다. 그리고 그 새로운 삶은 내가 원래부터 갖고 있던 흥미나 관심, 호기심에서부터 출발해야 한다는 사실도 그때 깨달았다. 그래서 과거와 현재에 내가 무엇을 좋아했고 하고 싶은 일은 무엇인지 앞으로 삶이 어떤 방향으로 나아가야 하는지 생각해보게 되었다. 어렸을 때 좋아했던 놀이는 무엇이었나, 현재 좋아하지만 시간이 없다는 핑계로 포기하고 있는 것은 없는가, 앞으로 한 번만이라도 좋으니 꼭 해보고 싶은 일은 무엇인가, 떠오르는 대로 모두 종이에 적어보았다.

가장 먼저, 책을 좋아했지만 일이 바쁘다는 핑계로 지난 5년 동안 소설책을 한 권도 읽은 적이 없다는 데 생각이 미쳤다. 그래서 곧바로 서점으로 달려가 책 한 권을 사서 읽기 시작했다. 또 조깅을 즐겨 하던 시절이 떠올라 즉시 운동화를 사서 조깅을 시작했다. 첫발을 내딛는 순간, 마치 구름 위를 걷듯 한껏 들뜬 마음에 나도 모르게 환호성을 질렀다. 이렇게 시작한 조깅 덕분에 나는 건강 상태와 운동량을 확인할 수 있었다. 또 평안한 마음을 위해 명상도 시작했고 먼지가 뽀얗게 쌓여 있던 피아노를 다시 치기 시작했다. 나는 나만의 블루스를 작곡해서 녹음까지 해두었다. 야외에서 나무로 뭔가를 만들어내는 일을 무척 좋아했던 나는 목공 작업을 시작했고 어릴 때부터 동경의 대상인 기차에도 관심을 가졌다. 아내와 함께 하는 시간을 늘리려고 같이 춤을 배우러 다니기도 하고 테니스도 치러 다녔다. 친구를 저녁 식사에 초대해 즐거운 시간도 가졌다. 더 많은 시간을 아이들과 보내기 위해 스포츠나 레저 활동에도 적극적으로 참여하기로 했다. 서랍 속에 처박혀 있던 사진들을 꺼내 가족 앨범도 정리했다. 동시에 가계 관리와 재테크, 부동산 매매를 공부하기 시작했다. 또한 사람들이 삶의 보람을 찾을 수 있도록 도와주는 일도 즐거웠다. 지역 활동에도 참가하게 된 나는 교육 위원에 입후보한 친구의 선거운동에 가담해 적극적으로 활동한 끝에 무난히 당선시켰다. 또 소년 야구 리틀리그 활동에도 손을 뻗게 되었고 시애틀 지역의 저소득층 청소년들을 대상으로 한 중앙 청소년협회에도 다시금 가입했다. 오래전부터 정치에 관심이 많던 나는 시애틀 시의원 선거에 나간 친구가 당선될 수 있도록 적극적으로 밀어주었다.

이쯤 되자 이제는 미래에 해보고 싶었던 일들이 하나둘씩 떠올랐다. 꼭 한 번 페루의 마추픽추에 가보고 싶었다. 우루밤바 강을 내려다보며 옴보로 기차를 타고 안데스 산맥에 올라보는 것이 꿈이었다. 나는 곧장 여행 계획을 짜기 시작했다. 안데스 산맥에서 스키를 타면 어떤 기분일까? 아무도 밟지 않은 눈밭을 누비며 산을 타고 내려오는 내 모습을 상상해보았다.

'밤에는 호텔 욕조에 몸을 담그고 와인을 마셔야지.'

그리고 그해 겨울, 나는 생전 처음으로 스키를 타보았다.

이처럼 소스 프로그램은 과거, 현재, 가까운 미래에 자신이 좋아하는 것을 발견하는 데서 시작한다. 그리고 그 결과를 리스트로 작성한다. 당신의 마음을 열정으로 들끓게 하고 기쁨과 만족감을 주는 활동이 이 리스트에 오르게 된다.

우리는 주위에서 스스로를 엔지니어다, 교사다, 주부다, 직장인이라며 직업과 자신을 동일시하는 이들을 흔히 볼 수 있다. 하지만 인간은 우리가 생각하는 것보다 훨씬 복잡하고 다면적인 존재다. 또 아직 가공되지 않은 다이아몬드 원석 같아서 잘 연마할수록 화려한 빛을 얻을 수 있다. 다이아몬드에서 아름다움을 최대한 끌어내기 위해 여러 면을 세밀하게 가공하는 것처럼 우리도 우리의 숨은 소질을 발견하고 이끌어내기 위해 노력을 아끼지 않아야 한다. 누구에게나 하고 싶은 일은 있게 마련이다. 그것이 아무리 무의미해 보일지라도 온 마음을 다해 관심을 기울여보자. 자신에게서 발견한 모든 면을 생활에 동원해보자. 하고 싶은 일 가운데 단 하나라도 무시한다면 자전거 바퀴에 바람이 빠진 것처럼 생활의 균형이 깨지고 결국 마음의 만족도 얻을 수 없게 된다. 바퀴 하나에 바람이 빠지면 균형을 잡기 위해 다른 쪽 바퀴에 여분의 힘이 실리고 결국 얼마 안 가 성한 바퀴마저 제구실을 못하게 되는 것처럼 말이다.

새로운 삶의 방식을 설계함에 앞서 우선 다음 질문에 답해보자. 아마 대부분의 사람들이 자기가 쓴 답을 보고 놀라거나 잊고 있던 즐거운 경험이 떠올라 입가에 사르르 미소가 번지게 될 것이다. 자신이 무엇을 좋아하는지 알고 있는 경우라면, 그 일을 하면서 동시에 다른 사람들까지 행복하게 만들 수 있는 방법은 없을까 생각해보자. 왜냐면 상대방과 내가 함께 행복해지는 것이 소스 프로그램이 추구하는 삶의 방식이기 때문이다. 우리 안에 있는 다양한 모습의 열정이 삶을 풍요롭게 할 것이다.

아래에 있는 '당신의 숨은 열정을 발견하기 위한 질문'을 참고로 리스트를 작성해보자. 흥미나 관심이 있다면 그것이 무엇이든 가리지 않아도 좋다. 질문에 얽매이지 말고 어릴 때부터 좋아했거나 푹 빠져 지냈던 대상 등을 생각나는 대로 써 내려간다. 그리고 다 쓴 후에는 찬찬히 읽어보자.

○ **당신의 숨은 열정을 발견하기 위한 질문**

1. 취미는 무엇인가?
2. 집 밖에서는 무엇을 하는 것이 좋은가?
3. 누구와 있는 것이 즐거운가?
4. 어떤 장소에 있는 것이 즐거운가? 그곳은 어디인가?
5. 좋아하는 TV 프로그램과 영화는 무엇인가?
6. 좋아하는 책과 만화는 무엇인가?
7. 좋아하는 실내 놀이와 야외 놀이는 무엇인가?
8. 좋아하는 운동은 무엇인가?
9. 좋아하는 음악은 무엇인가?
10. 좋아하는 동물(애완동물)은 무엇인가?
11. 자유롭게 하고 싶은 것을 할 수 있다면 무엇을 하겠는가?
12. 당신의 인생에서 중요한 사건은 무엇이었는가? 이유는?
13. 지금까지 언제가 가장 즐거웠는가? 그때 무엇을 했는가?
14. 최고의 기분을 만끽한 것은 언제였는가?
15. 무엇을 만지는 것이 좋은가?
16. 무엇을 듣는 것이 좋은가?
17. 무엇을 보는 것이 좋은가?

18. 함께 있어 즐거운 사람이 있다면 그 사람의 어떤 면이 좋은가?
19. 어릴 때 무엇을 하는 것이 좋았는가? 중학교 때와 고등학교 때
    는 어땠는가? 현재는 어떤가?
20. 어디든 좋아하는 곳을 갈 수 있다면 어디에 가고 싶은가?
21. 탈것(차, 배, 기차, 비행기, 말 등) 중에서 좋아하는 것은 무엇인가?
22. 바꿀 수 있다면 무엇을 바꾸고 싶은가?
23. 친한 친구는 누구인가?
24. 그것이 있으면 정말 좋을 텐데 하고 생각하는 것은 무엇인가?
25. 현재 당신이 푹 빠져 있거나 손을 놓을 수 없을 정도로 좋아하
    는 것은 무엇인가?
26. 모든 게 잘 진행되어 만족스럽다고 느끼는 순간은 언제인가?
27. 지금까지 인생에서 마음이 느긋해지고 편안한 기분을 맛본 적
    은 언제였는가? 그때 무엇을 하고 있었나?

앞서 설명한 대로 소스 프로그램은 자신의 열정을 생활 속에 모두 쏟아내는 데 그 의미가 있다. 결국 그 리스트에 쓰여 있는 것들이 당신의 소스가 된다. 이제는 당신의 소스를 하나하나 실행시키는 일만 남았다. 그리고 가능하다면 이 리스트에 올라 있는 것들을 모두 동시에 실천하라고 말하고 싶다. 이것이 다음 장에서 소개하는 소스의 '동시 실행' 개념이다.

12
모두 당장 동시에
실행하라

선천적으로 타고난 자신만의 꿈이 소스의 심장이라면 이제부터 설명하는 '동시 실행' 개념은 육체라고 할 수 있다. 동시 실행은 소스 프로그램 가운데에서도 사람들이 특히 어려워하는 부분이다. 이 개념을 한마디로 정의하면 '자신의 꿈을 남김 없이 곧장 실행에 옮겨라' 정도다.

당신에게 중요한 것은 모두 당장 실행할 가치가 있다는 사실을 명심하자. 동시 실행의 개념은 모든 일에 우선순위를 두어야 한다는 생각과 정면으로 대립한다. 자신이 좋다면 그것이 무엇이든 실행에 옮기는 데 잠시도 주저하지 말자. 장인이 다이아몬드를 연마할 때 어느 한 면도 소홀히 다루지 않고 전체적인 아름다움을 얻기 위해 애쓰는 모습을 상상해보라. 이처럼 우리도 자신이 좋다면 그것이 아무리 사소해 보일지라도 관심을 기울여야 한다. 하고 싶은 일은 무엇이든 실행해보자. 작은 부분이라 해서 소홀히 여기거나 무시한다면 그것이 옥에 티가 되어 전체적인 아름다움은 그 빛을 잃고 만다. 내가 동시 실행 이야기를 하면 대부분의 참가자들이 무리다, 성공할 리가 없다, 한 번에 다 하려고 하면 생활이 엉망이 되어버린다, 시간이 없다 등의 이유를 대며 정색을 한다. 이런 이유로 이 장과 다음 장에서 현실적으로 동시 실행을 쉽게 할 수 있는 방법을 설명하려고 한다.

하고 싶은 것을 '모두' 하며 사는 근본적인 방법은 무엇일까? 가장 중요한 일에 열정을 쏟으며 실생활에서 크고 작은 욕구들을 채워나갈 때 비로소 인간은 행복해질 수 있다. 망설이지 않고 하고 싶은 일을 실행하다 보면 새로운 삶의 길이 열려 지금껏 상상할 수 없었던 사람들, 혹은 일과 만날 수 있게 된다. 이처럼 '동시 실행'이라는 삶의 방식은 당신에게 새로운 만남과 직업을 안겨다 준다. 마음이 충만해지면서 몸까지 활기와 힘으로 넘쳐 나게 된다. 자연히 당신은 매력적인 인간이 되고 주위의 평가도 사뭇 달라질 것이다.

1971년, 나는 인생의 기로에 서 있었다. 더 이상 좌절하고 있을 수 없었기에 내가 무엇에 흥미와 호기심을 느끼는지 모두 찾아낸 다음, 그것들을 동시에 실행하기 시작했다. 가족과 더 많은 시간을 보내고 작업실에서 연장과 씨름했으며 지역 활동과 선거운동에 참여하는 등 할 수 있는 일이라면 뭐든 동시에 실행했다. 직장을 잃은 후 경제적으로 어려운 상황이었지만 나는 과감하게 소스 프로그램에 따라 우선순위 없이 인생을 살아보기로 결심했다. 내 계획은 먼저 좋아하는 일을 발견한 다음 그것을 실천에 옮길 수 있는 방법(비록 그것이 무모해 보일지라도)을 알아보고 마지막으로 그에 합당한 직업을 찾는 것이었다.

하지만 모든 일이 생각처럼 쉽지 않았다. 나도 모르게 쫓기듯 예전처럼 지내던 나날이 되풀이되었다. 그리고 되돌아오는 것은 실망스런 결과뿐, 나는 서서히 지쳐갔다. 자신감을 잃어가던 차에 뭔가 잘못 돌아가고 있다는 것을 깨달았다. 직장을 구해야 한다는 의무감에 실은 좋아하지도 않는 일을 하려고 애쓰고 있었던 것이다. 경제력이 이유가 될 수는 없었다. 당장의 수입에 눈이 멀어 좋아하지도 않는 일을 하며 살다 보면 행복한 인생은 저만치 달아난다고 생각했던 나였다.

집안 형편이 어렵다는 것을 너무나 잘 알고 있었지만 고심 끝에 다시 제대로 소스의 길을 걷기로 마음먹었다. 그 당시 난 이미 뭔가 기적적인 일이 일어나고 있다는 느낌을 체험하고 있었다. 그래서 소스 프로그램이 제대로 효과를 발휘해 내 인생이 달라질 때까지 신념을 꺾지 않고 그대로 밀어붙여 보기로 결심했다. 눈에 보이는 효과가 나타날 때까지 좋아하는 일을 하며 직관에 따라 행동하기로 했다. 내가 소스 프로그램을 통과한다면 내 생각이 옳았다는 사실도 자연히 증명될 테고 그것이야말로 진정한 자신을 발견하는 길이라고 굳게 믿고 있었기 때문이다.

나는 하고 싶은 일을 계속해서 행동에 옮겼다. 소스 프로그램을 실천하는 동안 단 하루의 휴가도 허락하지 않았다. 아침부터 밤까지 실행에 실행을 거듭했지만 몸도 마음도 전혀 고단하지 않았다. 활기 넘치는 하루하루를 산다는 것이 이렇게 신나는 일인지 예전에는 미처 몰랐다. 자연히 모든 생활이 달라지기 시작했다. 아내와 아이들과의 유대감도 훨씬 강해지고 새로운 친구들을 만나다 보니 자신감도 부쩍 늘었다. 진정으로 타인을 배려하는 마음이 생겨나 주위의 나에 대한 평가도 좋아졌다. 물론 아내는 넉넉지 않은 살림에 힘들어했지만 전보다 마음은 편안해 보였다. 무엇보다 감격스러운 것은, 아내가 나를 진심으로 신뢰하며 내가 하는 일이 우리 가족 모두에게 좋은 일임을 확신하고 있었다는 사실이다. 아내는 그 후로도 단 한 번의 흔들림 없이 내 마음의 버팀목이 되어주었다. 우리 가족은 모두 허리띠를 졸라맸다. 뜻이 있는 곳에 길이 있다고 했던가. 우리 가정에 넘쳐흐르는 온기와 희망, 행복은 가족 모두에게 큰 힘이 되어 경제적인 어려움 정도는 쉽게 극복할 수 있었다. 마음이 내키는 대로 모든 것을 실천하는 데는 결국 4개월 정도가 걸렸다.

그 무렵, 선거운동을 도와주었던 옛 친구에게서 연락이 왔다. 시애틀 시청의 인재 관리국에서 여름 동안만 일해 줄 수 없겠느냐는 내용이었다. 새로 편성된 부서에서 조직을 구성하는 일이라고 했다. 여름이 끝나갈 무렵, 나는 또 한 통의 전화를 받았다. 시애틀 근교의 킹 카운티에 있는 전미친선사업단체에서 시애틀 시와 킹 카운티의 실업자들을 구제하는 내용의 '스타트 업'이라는 새로운 프로젝트를 시작하는데, 그 프로젝트의 책임자가 되어달라는 내용이었다. 물론 흔쾌히 그 제안을 수락했다. 그 일을 통해 나는 많은 사람들과 단체를 알게 되었다. 일의 성격상 워싱턴 주 의회에 로비할 기회가 생겨 시민 로비스트로서 새로운 직업훈련계획의 예산을 따내는 데도 성공했다. 또한 소스의 방법론에 따라 동시 실행을 시작한 지 1년이 되기도 전에 나는 퓨젓사운드 대학에서 행정관리학을 가르쳐보지 않겠냐는 제의를 받고 강단에 서게 되었다. 지금껏 상상조차 못했던 직업의 세계로 한 발 한 발 나아가고 있었다. 동시 실행의 개념이 기적적인 성과를 거둔 것이다. 소스 프로그램은 교육 현장에서 제 효과를 발휘했고 내 인생도 180도 바꾸어 놓았다. 더군다나 인생에서 가장 힘든 좌절의 시기에 기적적인 성공을 일궈낸 것이다. 동시 실행이 상승효과를 낳았고 그것이 내 인생에 새로운 활기를 불어넣어 주었다. 결국 나는 꿈에도 생각지 못했던 성과를 손에 쥘 수 있었다.

많은 사람들이 '동시 실행'을 두고 시간이나 체력적으로 무리라는 생각에 거부감을 갖고 있다. 그래서 다음 13장에서는 소스의 세 번째 방법론 '같은 양의 정열을 쏟아부어라'에 대해 자세히 설명하려고 한다.

13
같은 양의 정열을
쏟아부어라

'같은 양의 정열을 쏟아부어라'는 소스의 여섯 가지 실천 방법 가운데 세 번째에 해당한다. 이 말은 하고 싶은 모든 일에 같은 양의 '정열과 관심'을 가지라는 뜻으로 시간이나 돈, 체력을 똑같이 사용하라는 것과는 거리가 멀다. 모든 일에 같은 시간을 할애하기는 불가능하기 때문이다.

한 가지 예를 들어보자. 바빠서 딸과 보낼 수 있는 시간이 한 시간밖에 없다면 그 한 시간만큼은 딸에게 전념해서 최고의 시간을 만들어주어야 한다. 다른 일에 관해 생각하거나 귀찮아하지 말고 그 시간은 딸과 즐겁게 보낸다는 생각만 하도록 하자. 피아노를 칠 시간이 5분밖에 없을 때 나는 그 5분 동안 오로지 피아노만을 생각한다. 당연히 피아노 연주에 열중할 수밖에 없다.

어떤 활동을 하든지 그것을 하는 동안에는 그 일만 생각하도록 하자. 하루에 여덟 시간을 일한다면 그 시간은 정열적으로 일에 파고들어야 한다. 점심시간을 이용해서 좋아하는 일을 하는 것도 오후의 작업에 활력을 줄 수 있는 방법이다. 무슨 일을 하든 그 순간만큼은 모든 정열을 다해야 한다. 퇴근 시간만 기다리며 마음은 딴곳에 가 있다면 그것은 시간 낭비에 지나지 않는다.

시간을 헛되이 흘려보내지 말자. 뭔가에 열중하는 시간, 가족과 함께 하는 시간, 편하게 쉬는 시간, 창조적인 활동을 하는 시간 등 어떤 시간이든 자신에게 의미 있는 시간으로 만들어라. 그렇게 하면 내면에서 끓어오르는 정열을 느낄 수 있을 것이다.

다음은 어떤 사람에게 들은 이야기다.

"회사에서 보낸 시간은 절대 다시 돌아오지 않습니다. 혹시 근무시간에 얼렁뚱땅 다른 일을 하고 있지는 않나요? 자신에게 의미 있는 시간으로 만들어야 합니다."

당신이 하는 모든 일에 같은 양의 열정을 기울이면 예상 외로 많은 시간적인 여유가 생긴다. 정신을 집중해서 시간을 유용하게 쓰기 때문에 짧은 시간에 더 많은 결실을 이룰 수 있다. 가족이나 주위 사람들과 함께할 때도 같은 열정으로 대한다면 그들의 만족감도 배가 될 것이다.

다시 한 번 말하지만, 어떤 사소한 꿈이든 무시해도 좋은 것은 하나도 없다. 흥미나 관심, 호기심을 유발하는 일, 당신의 마음을 열정으로 이끌 수 있는 일은 그것이 무엇이든 똑같이 중요하다. 그중

하나라도 무시한다면 생활 전체의 균형은 깨지고 만다. 하고 싶은 일은 모두 동시 실행해야 한다는 사고방식은 당신이 균형 있게 꿈을 발전시켜 나갈 수 있도록 도와줄 것이다. 여기에 우선순위를 매기면 오히려 해가 된다. 생활 속에서 하고 싶은 일을 모두 실행에 옮기자. 호기심이 생길 때는 무시하지 말고 그것에 따라 행동하자.

하고 싶은 일에 우선순위를 매기면 반드시라고 해도 좋을 만큼 실행하지 못하는 일이 생긴다. 언제나 리스트의 아래에 뭔가 남아 있다는 것은 어쩌면 실행하지 않기 위한 변명으로 우선순위를 매긴다는 이야기가 될지도 모른다. 그렇지 않은가? 같은 양의 시간과 돈이 아니라 같은 양의 정열을 쏟아부음으로써 당신은 하고 싶은 일을 모두 하며 살 수 있다. 물론 때와 장소에 따라서는(예를 들어 가족 중 누군가 아프다거나 작업을 곧 끝마쳐야 할 때) 그 모두를 실행할 수 없는 경우도 있지만 여건이 좋아지면 다시 균형 잡힌 생활로 돌아오는 것이 중요하다.

같은 양의 정열을 기울일 때 주의해야 할 점은, 하고 싶지 않은 일에 시간과 정열을 낭비하지 말아야 한다는 것이다. 스스로 내키지 않는 일이나 명목상의 만남 등 아무런 기쁨도 느낄 수 없는 무의미한 시간은 조금씩 줄이자. 그 대신 열정을 쏟아도 아깝지 않은 일을 통해 의미 있는 시간을 늘려가자.

맡은 일이나 해야 할 일을 모두 끝내놓은 후에야 하고 싶은 일을 할 수 있다는 발상은 이제 버려야 한다. 소스 프로그램은 하고 싶은 일을 모두 동시에 실행하지 않는 한 별 효과를 기대할 수 없다고 말한다. 자신이 하고 싶은 것이나 좋아하는 일에 상당한 시간을 들여야만 소스 프로그램은 제대로 효과를 발휘한다. 그러므로 내키지 않는 일을 하는 시간은 가능한 한 줄여야 한다.

마음이 끌리는 모든 일에 같은 양의 시간과 돈, 체력을 쓰지 않더라도 우리는 균형 있는 인생을 누릴 수 있다. 그리고 내면의 목소리에 귀를 기울이며 관심을 쏟는다면 어느새 성공에 한 발짝 다가서 있는 자신을 발견할 수 있을 것이다. 이런 과정을 통해 우리의 인생에는 질서와 안정이 차차 자리 잡게 된다.

모든 일에 같은 양의 정열을 기울이고 그것을 생활 속에서 실현해나가자. 하고 싶은 일이라면 무엇이든 열정적으로 달려들자. 그러면 미처 몰랐던 많은 시간과 체력이 자기 안에 있었음을 알게 될 것이다. 더 나아가 자신의 존재 의의도 깨우칠 수 있다.

14
한 걸음 한 걸음
나아가라

변명하지 말고 일단 시작하라

비록 눈에 보이지 않을 정도로 작은 한 걸음이라 할지라도 희망을 향해 내디딘 발걸음은 당신의 인생에 활력을 준다. 그리고 일단 발걸음을 내디뎠다면 뒤를 돌아보지 않는다. 달성할 때까지 몇 년이 걸릴지도 모르는 소망을 한 번에 이루려고 하면 너무 힘들어 지레 포기할지도 모른다. 그럴 때 지금 당장 할 수 있는 작은 행동이 무엇일까 생각해서 실행해보자. 그렇게 하면 바로 눈앞에 보이는 결과에 성취감이 생겨 계속 노력하고 싶어진다. 그리고 오랫동안 꿈으로만 생각했던 것이 어느새 현실로 나타난다.

이 '한 걸음'은 현재의 당신이 쉽게 실행할 수 있는 범위 안에서의 행동으로 한정한다. '동시 실행'이나 '같은 양의 정열을 쏟아부어라'를 실천해야 한다는 압박감에 스트레스를 받는다면 조금은 보폭을 좁히는 지혜가 필요하다. 조금씩 한 발 한 발 나아간다고 생각하면 변명은 더 이상 통할 수 없다.

- 시간이 없다.
- 피곤하다.
- 돈이 없다.
- 가족들이 협조해주지 않는다.
- 회사에서 눈치가 보인다.
- 해고를 당할 것 같다.
- 아무래도 불가능하다. 우리 회사에서는 아무도 그렇게 해보지 않았다.
- 어디부터 손을 대야 할지 막막하다.
- 다른 할 일이 많다.
- 직업이 있으니까.
- 지금은 무리지만 머지않아 할 것이다. 기회가 된다면 할 것이다.
- 상황이 여의치 않다.
- 그것을 할 능력이 없다.

이것은 모두 변명이다.

죽음을 눈앞에 둔 아버지는 내게 이런 말씀을 해주셨다.

"변명하는 인생을 살지 마라."

나는 그 말이 진정 어떤 의미인지 이해하지 못했다. 무슨 뜻인지 설명해달라고 하자 아버지는 또 이렇게 말씀하셨다.

"설명을 해야만 알아듣겠니? 하긴 지금 너로선 이해하지 못할 수도 있겠구나. 조만간 알게 될 게다."

시간이 얼마 지난 후, 나는 그 말뜻을 이해했다. 정말 아버지 말씀 그대로였다. 나는 그동안 이래저래 변명거리만 생각하며 하고 싶은 일을 하지 않았다.

예전의 나와 마찬가지로 많은 사람들이 변명을 늘어놓으며 하루 하루를 살고 있다. 아버지는 이런 말을 하고 싶었던 것이 아니었을까?

"인생에서 문제는 생기게 마련이란다. 그것을 해결하려고 노력하는 건 중요하지만 그렇다고 언제나 문제가 해결되는 건 아니다. 문제만 해결되면 살고 싶은 대로 살 수 있을 거라 생각해도 그런 날은 영원히 오지 않는단다. 문제나 장애물 같은 건 아랑곳하지 않고 나는 나 살고 싶은 대로 산다는 태도가 필요해. 문제를 핑계 삼아 하고 싶은 것을 평생 미루면서 살진 마라."

절망을 정당화하기 위해 우리는 변명을 한다. '쥐구멍에도 해 뜰 날이 있다는데 내 인생은 왜 이 모양이람. 상황이 이런데 하고 싶은 일을 어떻게 다 하면서 살겠어!'라는 비관적인 생각에 나는 절대 반대한다. 나는 이렇게 말해주고 싶다.

"아닙니다. 할 수 있어요. 작더라도 첫 걸음을 내딛는다면 가능해요. 첫발을 내딛고 또 한 걸음 한 걸음 조금씩 나아가세요. 그럼 반드시 행복해질 수 있습니다."

1971년, 난 하워드라는 50대 남성을 만났다. 그는 항공기 제조 회사인 보잉 사에서 오랫동안 엔지니어로 근무하다 막 실직한 상태였다. 정말 하고 싶은 일이 무엇이냐고 묻자 하워드는 대답했다.

"비행기 조종을 해보는 게 오랜 꿈이었어요."

"그럼 배워보지 않고요."

"제 나이 벌써 쉰둘입니다. 너무 늦었어요. 면허를 딸 돈도 없고 나이도 계속 먹고 있잖아요. 무엇보다 아내가 반대합니다. 사고라도 나면 어쩌냐고요."

"언제부터 비행기 조종에 관심이 있었어요?"

"어릴 때부터 경비행기를 많이 좋아했어요. 비행기를 보고 있기만 해도 좋았죠. 조종만 할 수 있다면 정말 행복할 거예요."

"그렇게 좋아하면서 왜 배우지 않았나요? 그렇게 오랫동안 미루다니, 배울 수 없다는 핑계를 40년 동안이나 대고 있었던 겁니다!"

하워드는 고개를 숙이더니 벌써부터 패배자 같은 표정을 지었다. 그런 그에게 나는 이렇게 물어보았다.

"조종을 배우는 데 얼마 드는지 아세요?"

"아니오. 알아보지 않아서 잘 몰라요."

"10센트 듭니다."

"설마요. 농담이시죠?"

하워드의 목소리가 갑자기 커졌다.

"그 10센트로 첫발을 내딛는 겁니다."

나는 그렇게 말하고 전화기를 가리켰다.

"저기 있는 공중전화기로 우선 클립머피 비행 학교에 전화를 거세요. 전화번호는 전화번호부를 찾으면 있을 거예요. 클립에게 전화를 걸어서 당신이 얼마나 비행기를 좋아하는지 사실 그대로 말씀하시는 겁니다."

하워드는 내 말대로 전화를 걸어 클립에게 자신이 어릴 때부터 얼마나 비행기를 좋아했는지 얘기했다. 10분 정도 지났을까. 클립이 하워드에게 비행장까지 오지 않겠느냐고 물어보았다.

"지금 당장 돈 걱정은 하지 않아도 됩니다. 한번 시험 삼아 타보지 않겠어요?"

클립은 비행기에 대한 하워드의 정열을 높이 산 듯했다.

6개월 후, 하워드는 단독 비행에 성공했다. 수업료는 하워드가 다시 직장을 구하면 나눠서 내기로 약속이 되어 있었다. 하워드는 하고 싶은 일을 더 이상 미루지 않아도 되었다. 그 후 하워드는 비행장에서 일자리를 구해 클립에게 수업료를 갚아나갔다. 하워드가 꿈을 실현하는 데 필요했던 것은 단돈 10센트였다. 이렇게 작더라도 첫 걸음을 내딛고 나면 길은 자연히 열린다.

작은 한 걸음을 내딛는 데는 다음과 같은 요소들이 필요하다.

- 방향 – 자신이 체험하고 싶은 것은 무엇인가.
- 작은 한 걸음 – 최초의 행동은 무엇인가.
- 때 – 언제 행동할 것인가.
- 장소 – 어디에서 행동할 것인가.
- 소요 시간 – 어느 정도 시간이 걸릴 것인가.
- 비용 – 어느 정도 비용이 들 것인가.
- 누구와 – 누구와 함께할 것인가.

예를 들어 비행기 조종법을 배우고 싶은 경우, 다음과 같은 요소들이 필요하다.

- 방향 – 비행기 조종법을 배운다.
- 작은 한 걸음 – 비행 학교의 입학 안내서를 입수한다.
- 때 – 다음 주 월요일
- 장소 – 비행장
- 소요 시간 – 45분
- 비용 – 비행장까지 왕복 연료
- 누구와 – 혼자

목표로 하는 방향은 비행기 조종법 배우기다. 오랫동안 미뤄왔기 때문에 우선 구체적인 책자를 가지고 다른 이와 이야기를 나눌 필요가 있다. 작은 한 걸음은 비행 학교까지 가서 그곳 담당자와 상담하며 안내서를 읽는 단계다. 더 나아가 비용과 지불 방법까지 물어보는 것이 좋다. 이 작은 한 걸음을 내디딘 결과, 다음 걸음을 내디딜 마음의 준비가 갖추어진다. 그런 후에는 변명하는 시간조차 아까워진다. 작더라도 첫발을 내디뎠다면 당신의 목적은 이미 절반쯤 이루어진 셈이다. 이제 돈이나 시간에 얽매이지 말고 꿈을 향해 한 걸음씩 나아가면 된다. 당신은 소스의 첫 테이프를 멋지게 끊었다. 이제 꿈이 실현되느냐는 시간문제일 뿐이다. 진정한 자신을 실현하기 시작했으므로 그 누구도 당신을 막을 수 없다.

정말 많은 사람들이 내게 왜 하고 싶은 일을 하지 않는지, 왜 좋아하는 직업을 갖지 않는지, 왜 꿈을 실현하기 위해 노력하지 않는지 변명한다. 그런 이들은 첫 걸음을 내딛기 전에 성공할 수 있다는 보증수표를 받고 싶어 한다. 하지만 꿈을 향해 첫발을 내딛지 않는다면 누구도 그 결과를 예측할 수 없다. 원래 자신이 가고자 했던 방향으로 나아갈 수 있는지조차 불분명해진다.

　당신의 꿈이 무엇이든 그것을 실현할 방법은 정말 작은 것에서부터 시작된다. 눈에 보이지 않을 만큼 작아도 상관없다. 책을 쓰는 것이 꿈이라면 '첫 걸음'은 노트를 책상 위에 올려놓는 것이다.

노트를 펼쳐 그 위에 펜을 놓고 잠시 자리를 떠나보자. 책상으로 돌아가 펜을 들고 뭔가를 적어보고 싶은 마음이 생길 것이다. 책상으로 돌아왔다면 '다음 걸음'으로 딱 10분 동안만 뭔가를 써보자. 이튿날도 이렇게만 한다. 처음부터 훌륭한 문장을 만들 필요는 없다. 그저 10분 동안 열심히 쓰기만 하면 된다. 또 자신이 쓰고 싶은 책과 비슷한 내용의 책을 찾아 매일 10분 동안 읽는다. 그러는 동안 당신의 행동은 추진력을 얻게 된다. 오랫동안 꿈꿔왔던 일이 조금씩 현실로 나타나고 얼마 안 가 한 권의 책이 완성된다. 예전에 좋아하던 사진을 다시 시작하고 싶다면 카메라를 꺼내 들고 공원에 나가보자. 실제로 사진을 찍을 필요는 없다. 가방에서 카메라를 꺼내 손에 드는 것만으로도 충분하다.

꿈을 이루는 것은 이렇게 간단하다. 마음 깊숙이 자리 잡고 있던 꿈이 첫발을 내디딤으로써 행동으로 표출된다. 꿈에 자기추진력이 붙는 것이다. 이때 우리가 좋아하는 모든 일들을 같은 출발선에서 동시에 실행하는 것이 중요하다. 하고 싶은 모든 일에 같은 양의 정열을 쏟아부어 각각 한 걸음씩만 나가보자. 그 상승효과는 엄청나서 당신의 인생은 충만함과 기쁨으로 넘쳐나게 된다. 안타깝게도 소수의 사람들만 이런 인생을 살고 있다. 이들은 정신적이나 물질적으로 모두 풍요로운 나날을 보내고 있다.

시너지라고도 하는 이 '상승효과'는 당신에게 행복한 인생을 약속한다. 시너지는 하고 싶은 일을 하기 위해 첫 걸음을 내디뎠을 때 발생한다. 예를 들어 소스의 방법론에 따라 하고 싶은 일을 50가지 발견했다면 각각에 대해 모두 작은 한 걸음을 내디뎌야만 상승효과가 생긴다. 그 걸음이 비록 보잘것없더라도 실망하지 말자.

여기에서 주의해야 할 점은, 작은 한 걸음을 계획해서 실행에 옮길 때 반드시 실행 가능한 범위 안에서 작은 한 걸음의 내용을 결정해야 한다는 것이다. 아무리 사소한 행동이라도 했다는 데 의미가 있다. 그것이 부담스러웠다면 당신에게 그 걸음은 무리였다고 생각하자. 가벼운 마음으로 자신에게 가능한 범위 안에서 행동을 세분한다. 그럼, 불가능도 사라진다.

상승효과는 동시에, 모든 일에, '작은 한 걸음'을 내디뎌야 얻어진다

소스 프로그램에서 상승효과를 얻으려면 어떻게 해야 할까? 우선 자신이 하고 싶은 모든 일을 동시에 실행해야 한다. 그리고 각각에 대해 모두 '작은 한 걸음'을 내디뎌야 한다는 사실을 잊지 말자. 하고 싶은 일이 50개라면 50개 모두 동시에 첫 걸음을 내딛는 것이다. 이것이 바로 '동시 실행의 법칙'이다. 이렇게 하면 50개를 모두 합친 것보다 플러스 알파가 된 효과를 얻을 수 있다. 이전에는 생각지도 못했던 멋진 일들이 펼쳐지기 시작하고 '기적적인 시너지 효과'의 서막이 열린다. 이렇게 전체적으로 균형 잡힌 생활을 하면 얼마 지나지 않아 평소 꿈꿔왔던 멋진 직업들이 당신을 향해 손짓할 것이다. 그와 함께 경제적인 상황도 나아진다. 하고 싶은 일을 하며 잠재력을 발휘하다 보면 당신의 모든 면을 이해하고 정신적인 교감을 나눌 수 있는 친구도 생긴다. 그리고 이 사람은 평생의 동반자로서 당신에게 큰 힘이 되어줄 것이다.

다시 한 번 밝히지만 멋진 만남과 일이 꼬리에 꼬리를 물고 이어지는 상승효과는 모든 일을 동시에 실행한 다음에만 나타난다. 할 수 있는 범위 안에서 한 걸음씩 나아가야만 그런 효과를 기대할 수 있다. 하고 싶은 일의 95퍼센트만 실행한다면 시너지 효과는 발생하지 않는다. 시너지의 기적적인 힘은 하고 싶은 일을 100퍼센트 실행하고 100퍼센트 발휘할 때만 그 위력을 보인다.

자, 이제 다음 15장에서 지금까지의 상식을 뒤엎는 개념을 소개하고자 한다.

15
목표를
세우지 마라

대부분의 사람들에게 목표는 미래를 향해 쭉 뻗어 있는 직선 위의 한 점이다. 하지만 인생은 그리 순탄하게 한 점만을 향해 나아가지 않는다. 인간은 선 하나에 비유할 수 있는 존재가 아니라 다이아몬드 같은 복잡한 다면체다. 더구나 변화무쌍하고 역동적인 세계에 살고 있다. 우리는 흔히 미래의 한 점을 목표로 정해야 한다고 강조하지만 그것은 현실과는 전혀 동떨어진 발상이다. 오히려 목표에 사로잡히면 언뜻 보기엔 목표와는 무관한 것 같은 귀중한 체험이나 멋진 기회를 놓칠 우려가 있다. 목표를 세우지 않으면 마음 가는 대로 자유롭고 창조적인 활동을 할 수 있다. 목표를 세우는 대신 가고자 하는 방향만 설정해 둔다면 장기적으로 봐도 더 많은 것들을 이룰 수 있다. 방향에는 성공이냐 실패냐 하는 이분법을 적용할 수 없다. 목표를 달성하지 못했을 때 찾아오는 패배감과 강박감 또한 느끼지 않아도 된다. 이 생각은 14장의 '작은 한 걸음'과도 일맥상통하고 여유 있게 폭넓은 체험을 할 수 있다는 이점도 있다.

목표를 설정한다는 말은 다른 많은 욕구들을 포기해야한다는 뜻이기도 하다. 목표를 세우는 행위의 밑바탕에는 인간은 사회라는 기계의 부속품에 지나지 않다는 생각이 깔려 있다.

목표를 지나치게 낮게 잡은 경우 하나의 목표를 달성하면 또 새로운 목표가 필요해진다. 그것을 달성하면 또 새로운 목표가 필요하고 계속해서 사람들은 다음 목표를 쫓아가는 꼴이 된다. 그 반대는 목표를 지나치게 높게 설정한 경우인데, 이런 경우는 기를 쓰고 노력해도 목표를 달성하지 못해 대개는 패배감에 빠진다. 우리는 목표를 세우고 초조해한다. 그리고 목표를 위해 노력하지 못하면 죄책감에 빠진다. 더군다나 목표에는 기한이라는 것이 있다. 대부분 일방적이고 자기중심적으로 기한을 정하기 때문에 실제 상황을 반영하지 못한다. 목표를 세우는 데서 느끼는 중압감은 인간의 자연스런 감정과 행위를 용납하지 않는다. 결국 그 사람의 정신세계는 제 빛을 잃고 만다.

그러나 목표를 세우지 않고 나아갈 방향만 잡아놓으면 예상치 못했던 멋진 체험을 할 기회가 많아진다. 여유로움과 창조력은 인생에 큰 기쁨을 가져다주는 원천이다. 하지만 목표는 우리에게서 이 두 선물을 앗아간다. 방향만 결정해놓으면 그 방향을 향해 내딛는 한 걸음 한 걸음이 당신을 승리로 이끌 것이다. 승패를 가를 필요도 점수를 낼 필요도 없다. 그곳에는 이긴 자만 있을 뿐이다. 그리고 그 이긴 자는 당신이다. 이와 반대로 목표를 세우면 당신이 목표 지점에 도달하지 못하는 한, 작은 성과를 거두더라도 패배감은 끝내 떨쳐내지 못하게 된다.

한 자동차 판매소의 소장이 영업 사원들을 모아놓고 엄포를 놓았다.

"잘 들어라. 이번 달 너희들은 20대씩 팔아야 한다. 그게 목표다. 다 못 팔면 잘릴 각오를 해라."

아마 20대라는 할당량을 소화할 수 있는 사람은 몇몇 톱 세일즈맨뿐일 것이다. 대부분은 심한 스트레스를 받고 고작해야 5대밖에 못 팔지도 모른다. 팀원들은 서로 협력하지 않고 자기 욕심만 채우려 들기 때문에 고객들도 외면할 것이다. 자연히 실적은 제자리만 맴돈다. 이런 상황에 빠지면 대부분의 사람들은 술, 담배를 가까이한다. 불면증으로 심신이 모두 황폐해지는 사람도 많다. 가정생활은 말할 것도 없다. 이런 상황은 다음 달에까지 영향을 미쳐 악순환은 계속되고 심한 패배감에 빠진다. 20대를 다 판 세일즈맨도 스트레스를 받기는 마찬가지여서 힘들게 받은 보너스가 술값이나 약값으로 날아갈지 모른다.

만약 소장이 다음과 같이 말했다면 결과는 어땠을까?

"모두들 일을 즐기고 와라. 고객을 친구처럼 대하자. 거짓말을 하지 말고 무슨 일이 있어도 약속은 지켜라. 고객에게 성심을 다하도록. 이게 우리 회사의 방침이다. 차를 몇 대 팔았는지는 걱정하지 말고, 멋진 차에 대해 즐겁게 이야기만 나누고 오면 된다. 고객을 즐겁게 해주겠다는 생각을 갖고 대화를 나눠라."

이런 소장 밑에서 일하는 세일즈맨은 한 달에 20명의 고객을 만나면 20대를 모두 팔 수 있을 것이다. 그것도 재미있게, 스트레스도 받지 않고서 말이다.

다음은 보잉 사에서 관리직을 대상으로 강연했을 때의 일이다. 위의 자동차 판매점의 예를 들어 목표가 아닌 방향을 설정했을 때 나타나는 효과에 대해 설명했더니 엔지니어 부의 한 주임이 이렇게 물었다.

"전 777형의 총 중량을 줄이는 프로젝트의 책임자입니다. 목표치가 정해져 있어 3개월마다 일정량의 중량을 줄여야 합니다. 비행기의 안전성을 해치지 않는 범위 안에서 작업을 해야 하기 때문에 엔지니어들은 일할 때 한시도 긴장을 늦출 수 없답니다. 저희에게 목표치를 설정해놓지 않고 목표를 달성하는 일은 불가능하다고 봅니다."

난 이렇게 대답했다.

"우선 목표를 없애십시오. 그리고 엔지니어들을 모아놓고 이렇게 말하는 겁니다. '이 일을 즐기기 바란다. 동료들끼리 친해지도록 노력했으면 한다. 아무 주제라도 좋으니 서로 큰 소리로 이야기를 나눠라. 경쟁의식은 버리고 아이디어를 모아보자. 이것이 우리 회사가 나아갈 방향이다. 항공기의 안전이나 구조에는 아무런 영향을 주지 않고 가능한 한 단기간에 최대한 중량을 줄이는 것이 우리 회사가 달성하고자 하는 바다.' 이렇게 하면 틀림없이 더 짧은 기간에 더 많은 중량을 줄일 수 있을 겁니다. 위에서 하달받은 목표치를 달성하기 위해 긴장감 속에서 일할 때보다 안전성이나 품질 면에서도 훨씬 뛰어난 제품이 탄생할 것이라고 전 확신합니다. 왜냐하면 스트레스가 사라져 팀원들이 원래 갖고 있던 호기심이나 자유로운 발상을 제대로 발휘할 수 있기 때문이죠."

그 후로도 다양한 이야기가 오갔다. 그러나 결국 모두 내 아이디어에 동감했고 결과는 기대 이상이었다. 높은 목표를 설정해놓고 모두 열심히 노력했지만 결국 그 목표를 달성하지 못하는 경우를 많이 봤다. 이 경우는 목표를 이루어야 한다는 중압감에서 벗어나 일을 즐기며 창조력을 발휘함으로써 기대 이상의 결과를 낳을 수 있었던 좋은 예였다.

이상으로 여섯 가지 방법론 가운데 다섯 가지를 소개했다. 이제 남은 것은 하나다.

16
신념을 가지고
자신의 직관을 믿어라

직관과 감정은 다르다

자신이 하려는 일이 크든 작든 할 수 있다는 신념이 없으면 아무것도 이룰 수 없다. 신념에는 위대한 힘이 있다. 신념은 우리가 가고자 하는 방향으로 달릴 수 있도록 하는 기관차 역할을 한다. 다시 말해 인생의 원동력이라고 할 수 있다.

직업이나 인간관계에 변화를 주고 새로운 인생을 향해 나아갈 수 있는 시너지 효과를 얻기 위해서는 소스의 여섯 가지 방법론이 자신에게 큰 도움이 될 것이라는 믿음이 필요하다. 무엇보다 자신의 몸이 그렇게 느껴야 한다. 하지만 어떻게 그 느낌을 알 수 있을까?

직관을 믿어라. 인물이나 상황에 대해 그것이 중요하든 그렇지 않든 자신이 직관적으로 느낀 것을 결코 무시해선 안 된다. 당신은 혹시 '이 이야기는 전혀 감동스럽지 않아' '이 사람은 왠지 믿음이 안 가' '왜 갑자기 그 사람이 만나고 싶을까'와 같은 감정을 느낀 적이 있는가? 그런 자신의 직관을 무시하지 말자. 마음이 진정 무엇을 느끼고 있는지에 주의를 기울이자. 아무것도 느낄 수 없다면 느낄 때까지 결단을 미루는 것이 좋다. 기다리다 보면 뭔가 느낄 수 있다. 그 감각이 당신의 진정한 직관이다.

내면에 조용히 귀를 기울이면 자신이 무엇을 원하는지, 무엇을 해야 하고 무엇을 하지 말아야 하는지, 어디에 가고 싶은지, 왜 그렇게 하고 싶은지, 언제 시작해야 할지, 어떻게 일을 진행시킬지에 대해서 많은 것을 알 수 있다. 마음의 목소리를 따라가보자. 이 세상에 자기 자신만큼 당신을 잘 아는 이는 없다. 언제나 내면의 목소리에 귀를 기울이는 습관을 갖도록 하자.

불과 2년 전까지만 해도 나는 신념이나 직관에 대해 오해를 하고 있었다. '직관'과 희로애락의 '감정'을 혼동하고 있던 나는 직관이야말로 이성적으로 배제해야 하는 감각이라고 믿었다. 수시로 변하는 희로애락의 감정 또한 예측이 불가능하므로 믿을 수 없다고 생각했다. 그래서 왠지 싫다거나 상대를 신용할 수 없다는 느낌이 와도 내 직관을 믿지 않고 그 사람의 말을 따랐다. 많은 사람들이 믿는 사람인 데다가 그렇게 한순간 평가해서는 안 된다는 생각에 내 직관을 무시한 적이 많았다.

하지만 얼마 지나지 않아 그런 표면상의 감정과 내면의 직관은 전혀 별개의 것임을 깨달았다. 그 차이를 확실히 이해한 순간, 나는 마음속에 남아 있던 미지의 신대륙을 발견한 듯한 느낌을 받았다. 그렇다면 직관과 감정은 어떻게 다를까?

○ 직관과 감정의 차이

- 희로애락의 감정은 생리적인 반응이므로 믿을 수 없다.
- 직관에는 감정의 동요가 없다. 마치 고요한 샘물 같다. 직관은 생리적 반응이 아니다. 'OO한 것 같다'는 감각이 일관되게 작용하며 급변하지 않는다. 마음속에서 들려오는 조용한 목소리다.
- 직관이나 감각은 잠재의식에서 보내는 메시지다. 의식의 힘을 믿는 사람에게는 그 메시지가 상당한 영향력을 갖는다.
- 감정은 동요가 심해 믿을 수 없고 또 믿어서도 안 된다. 감정은 각종 문제나 공허함의 표현에 지나지 않는다. 결코 감정에 휘둘려 결단을 내려서는 안 된다. 감정적으로 결단을 내리는 사람의 인생에는 잡음이 끊이지 않는다. 이들은 반드시 나중에 후회하는 선택을 한다.
- 감정은 육체나 정신이 정보를 처리한 후의 결과로 나타나는 것이므로 무시하지 말고 그대로 표출하면 된다. 감정을 억누르면 심신의 건강에 좋지 않다. 하지만 감정을 판단의 기준으로 삼고 인생을 살아서는 안 된다.

감정과 직관의 차이를 명확히 이해하게 된 지금은 터져 나오는 감정에 대해서 억누르지 않고 그대로 표출한다. 나는 내 자신과 교감을 할 수 있게 된 후 직관에 대해 한 가지 중요한 사실을 깨달았다. 그것은 직관을 확실히 인식하고 행동해야 한다는 점이다.

이를 위해서는 4단계가 필요하다.

○ 직관을 확실하게 인식하고 행동하기 위한 4단계

① 우선 자기 안에 직관이 있음을 깨달아야 한다. 그리고 직관이 어떤 느낌인지 깨달아 감정과 혼동하는 일이 없어야 한다. 감정은 동요가 심하므로 직관과 구별할 수 있다.
② 그 직관이 확실히 자기 안에서 생겨난 것임을 인정한다. 다른 사람의 영향을 받은 것이 아니라 바로 자기 자신의 감각임을 인정한다.
③ 자신의 직관을 믿는다.
④ 행동으로 옮긴다.

4단계가 끝나면 직관의 역할도 끝난다. 직관의 목적은 당신이 어떻게 행동하고 어디로 나아가야 할지 방향을 제시하는 데 있다. 결국 직관은 당신이 하고 싶은 일을 하며 당신만의 인생을 꾸려갈 수 있도록 이끌어준다. 직관의 메시지를 무시하면 행동하고 나서도 뭔가 개운치 못하다. 하지만 직관을 인정하고 그에 따라 행동하면 직관의 역할도 끝이 나므로 더 이상 아무런 느낌이 들지 않는다.

전화로 소스 프로그램 참가자를 모집할 때의 일이다. 그 당시 나는 어떤 이유에선지 오전에는 통 전화를 걸고 싶지가 않았다. 하지만 기한도 있고 해서 어쩔 수 없이 수화기를 들면 내 기분을 알아채기라도 했는지 아무도 응해주는 사람이 없었다. 그러던 어느 날 아침, 나는 내 직관을 따르기로 했다. 오전 중에는 일체 전화를 하지 않기로 한 것이다. 대신 그 시간에 난 내가 좋아하는 일을 했다. 하지만 난 10분도 지나지 않아 다시 수화기를 들었다. 그리고 열심히 사람들을 설득하기 시작했다. 이유는 무엇일까?

나는 전화를 걸고 싶지 않다는 직관의 메시지에 따라 앞서 말한 4단계를 밟았다. 이는 직관을 인정했기에 가능한 일이었다. 4단계를 모두 마치자 전화를 걸고 싶지 않다는 생각이 내 안에서 사라졌다. 그리고 그 순간 내 손은 수화기를 들었고 많은 이들이 내 말에 동의해 주었다.

자기 안에서 생겨난 직관은 당신을 바른 길로 이끄는 친구와 같은 존재다. 소중한 친구를 대하듯 직관을 존중하고 그 메시지에 귀를 기울이자. 직관의 존재를 믿는다면 결코 실망할 일은 일어나지 않는다. 직관은 당신을 바른 길로 이끌지만 희로애락의 감정은 인생에 여러 가지 문제를 일으킬 수 있으므로 이 둘을 혼동해서는 안 된다. 나는 모든 순간에(지금 이 순간에도) 내 직관에 귀를 기울이려고 노력한다. 지금 어떤 느낌이 드는가. 어떻게 하고 싶은가. 직관이 내게 전하고자 하는 것은 무엇인가. 직관을 중시한 결과 나는 내 결단에 자신이 생겼고 주위 사람들의 언동에 좌우되는 일도 이젠 없어졌다. 이렇듯 직관이 이끄는 대로 인생을 살아가면 전보다 많은 성과를 얻을 수 있다.

희망하는 직업이나 반려자는 노력한다고 찾을 수 있는 것이 아니다

소스의 생활 방식을 몸에 익혀 자신을 존중하고 자신을 100퍼센트 발휘하다 보면 어느 사이엔가 내게 꼭 맞는 일을 하고 있는 자신의 모습을 발견할 수 있다. 또한 마치 자석의 힘에 이끌리듯 평생을 같이할 반려자가 당신 앞에 나타나게 된다.

생활 속에서 자신의 모든 면을 발휘하며 인생을 충실히 꾸려가는 사람은 직접 나서지 않아도 이상적인 직업과 반려자가 제 발로 찾아온다. 그것은 어느 날 갑자기 생각지도 못한 모습으로 당신 앞에 나타난다. 반대로 머리로 생각하고 노력하기만 해서는 그 어느 것도 당신 뜻대로 이루어지지 않으며 결국 실패의 쓴잔만 돌아온다. 그러므로 여러분은 일이나 결혼 상대를 찾으려고 애쓸 것이 아니라 자신의 인생을 온전히 가꾸는 데 힘을 기울여야 한다. 그러면 당신에게 꼭 맞는 직업이나 인생의 반려자가 당신 앞에 모습을 드러낼 것이다. 이것이야말로 충실한 인생을 사는 사람들만 받을 수 있는 멋진 선물이다.

4 소스를 실행하기 위한 조건

17
소스를 실행하기 위한
4가지 기본 조건

활력 있는 인생을 위한 4가지 조건

소스 프로그램을 실천하기 위해서는 다음의 네 가지 항목을 중요
한 조건으로 꼽는다. 이 조건들은 소스를 실천하며 활력 있고 풍요
로운 인생을 보내기 위해 아주 중요하다.

> ○ 소스를 실천하기 위한 4가지 기본 조건
>
> ① 자신이 하고 싶은 것 '모두'를 발견한다.
> ② 발견한 꿈들을 하나도 빠짐없이 '모두' 생활 속에서 실천한다.
> ③ 꿈을 통해 얻은 것을 자신과 다른 사람들을 위해 조건 없이 베
>   풀며 산다. 그리고 되도록이면 남몰래 행한다.
> ④ ①~③을 실천하는 동시에 생활의 균형 또한 잃지 않는다.

이 4가지를 실천하면 충실한 인생을 보장받을 수 있으며, 누구나 그러한 인생을 누릴 권리가 있다.

첫 번째와 두 번째 조건은 '모두'라는 말에 해답이 있다. 좋아하는 것을 한두 가지쯤 즐기고 사는 사람들은 많다. 그렇지만 마음속에 무시되고 있는 욕구가 하나라도 남아 있다면 내 안의 일부는 죽은 것이나 다름없다. 죽어버린 부분은 곧 살아 있는 부분까지 잠식해 들어간다. 때문에 비록 보잘것없다 해도 뭔가 하고 싶은 욕구가 있다면 하나도 빠짐없이 실천에 옮겨야 한다. 스스로 할 수 있는 범위 안에서 자신의 페이스에 맞춰 해나가면 되므로 시간이나 재주가 없다고 고민할 필요는 전혀 없다. '작은 부분이라도 자신을 무시하지 않는다' '내 모든 면을 존중한다'는 태도가 중요하므로 실제로 할애할 수 있는 시간의 양과 기술적 수준은 아무래도 상관없다.

소스와 만났던 사람들 대부분은 잊고 지냈던 지난날의 취미를 재발견했다. 도나 버튼도 그중 한 사람이다.

"소스 프로그램 덕분에 내가 하고 싶은 새로운 일들을 발견했고 또 예전에 즐기던 취미들도 되찾았어요. 새로운 취미는 요트와 앤티크 카이고, 다시 갖게 된 취미는 양재와 피아노 등 여러 가지가 있답니다. 이런 취미생활을 하고 있으면 만족감으로 마음이 편안해지고 행복감에 젖는답니다. 처음에는 소스의 수레바퀴(6부에서 설명할 것이다) 가운데 이 분야가 가장 부족했거든요. 지금은 이 분야에 특별히 신경 쓰고 있죠."

세 번째 조건은 꿈을 통해 얻은 것을 나 자신과 다른 사람들을 위해 베푸는 삶이다. 나를 위해 베푸는 것은 당연하지만 다른 사람을 위한 몫까지 챙겨야 하다니, 말도 안 된다고 말하는 사람도 있을 것이다. 그렇지만 자신의 몫을 다른 사람과 함께 나눴을 때 돌아오는 결과를 들여다 보면 금세 그 말뜻을 이해할 수 있다. 내가 알고 있는, 혹은 모르는 사람들이 나로 인해 행복해지는 것을 경험한 적이 있는가? 그들이 기뻐하는 모습을 보면 당신은 더없는 만족과 삶의 보람을 느낄 수 있다. 기쁨의 질이 몇 배나 커지는 것이다. 자신이 원하던 삶을 살게 되면 다른 사람을 돌아볼 여유가 생긴다고도 이해할 수 있다. 중요한 것은 '나 혼자가 아닌 우리'라는 관점에서 소스 프로그램을 실천하다 보면 '활기찬 인생으로 가는 마차'에 박차가 가해진다는 사실이다.

소스 프로그램으로 노래하는 기쁨을 다시 찾은 존 버닝은 크리스마스를 앞두고 직장에서 무심결에 노래가 튀어나와 열창까지 했던 체험을 이렇게 말한다.

"크리스마스 시즌이었지요. 휴식 시간에 동료들 앞에서 갑자기 노래가 튀어나왔고 혼자서 목청껏 노래를 불렀어요. 그렇게 잘 부르지는 못하지만 동료들도 모두 즐거워했고 환호해주었지요. 마지막 소절이 끝나기가 무섭게 누가 먼저랄 것도 없이 웃음을 터뜨리기 시작해서 급기야는 모두들 배꼽을 잡고 뒹굴었답니다. 예전의 저라면 상상도 못할 일이지요. 사람들 앞에서 온갖 폼을 다 잡았으니…. 그렇지만 꾸밈없는 있는 그대로의 모습은 기적을 일으키더

군요. 지금 저는 함께 있어 즐거운 사람으로 인식되었답니다. 애써 잘 보이려다 오히려 어색해지는 일 따윈 이제 없으니까요."

또 여러 사람들과 부대끼며 서로 돕고 일하는 것이 마냥 좋다는 딕 어윈은 꿈꾸던 직업을 얻어서 소스를 살리며 사는 것 자체가 사회에 대한 공헌이라고 말한다. 자신의 진정한 모습을 살리는 것이 사회에 대한 공헌이라는 이야기다.

"월요일이 기다려집니다. 예전부터 하고 싶었던 일을 하면서 돈도 벌 수 있기 때문이지요. 우리 동네 상공회의소 소장직을 맡고 있습니다만 다른 사람들에게는 그저 단순한 직업으로 보이는 이 일이 제게는 '꿈의 실현'이자 소스입니다. 즐겁게 일할 수 있고 또 그것이 다른 사람들에게 도움이 되기까지 하니 정말 꿈만 같습니다."

나도 예전에 일하는 틈틈이 소년 축구팀 코치로 활동한 적이 있다. 정말 좋아하던 축구를 즐길 수 있는 것은 물론이고 아이들과 서로의 꿈에 대해 이야기를 나누었으며 그 안에서 평생을 같이할 친구도 얻을 수 있었다.

네 번째 조건은 현재 무서운 열정으로 뛰어들고 있는 꿈을 이루기 위해서는 소박하게 흥미나 호기심을 유발하고 있는 작은 꿈들을 절대 무시해서는 안 된다는 뜻이다. 대개 소박한 꿈들은 화목한 가정과 즐거운 인간관계, 심신의 건강과 휴식, 경제적인 여유, 원만한 사회 활동 등과 관련되어 있어 균형 있는 생활을 가능하게 해준다. 이런 환경이 갖추어진 다음에야 가장 좋아하는 일에 안심하고 뛰어들 수 있다.

소스에 대해 들어본 적은 없어도 어떤 사람들은 이미 활력 넘치는 인생을 위한 네 가지 조건을 충족하며 살고 있다. 주변에서 사는 보람을 맛보며 행복한 나날을 보내고 있는 이들을 떠올려보자. 정말로 좋아하는 일을 하면서 살기 때문에 일인지 놀이인지 구분이 안 될 정도로 일을 즐기고 자신과 가정을 비롯한 주변 사람들을 위해 무조건 정성을 다하고 있지는 않은가? 가족과의 시간도 소중히 여기며 바르게 균형 잡힌 생활을 영위하고 주위 사람들에게 호감을 주는 매력적인 인물은 아닌가?

태어나면서 자연스럽게 갖게 된 흥미와 재능을 빠짐없이 발견하여 생활 속에 활용하고 다른 사람들에게 도움을 주는 일, 그것이 무엇보다도 중요하다. 혹시 사회 공헌이나 봉사 운운하면 서구적 가치관에 억지로 끼워 맞추려 한다면서 위화감을 느끼는 사람도 있을지 모르겠다. 그렇지만 우리나라에도 예부터 노인들이 옆집 아이들을 돌보고, 동네 사람끼리 행사가 있을 때마다 서로의 집 일을 돕는 등 아름다운 미덕을 엿볼 수 있는 마을 공동체 조직이 있었다. 도시화와 핵가족화가 진행되면서 그와 같은 지역 참여와 사회연대가 희미해졌지만 세계화의 바람이 불고 있는 요즘에는 새로운 형태의 공동체 의식이 사회 곳곳에서 다시 부각되고 있다.

특히 사회로부터 홀로 남겨진 듯한 소외감과 무력감을 호소하는 사람들을 살펴보면 세 번째 조건이 결여되어 있는 경우가 많다. 보람 있는 인생을 즐기기 위해서는 사회와의 지속적인 연대가 필요하다.

최상의 힘을 발휘하고 싶다면 과감히 행동하라

당신이라는 인간이 지닌 장점을 살려 그것을 가지고 사회에 공헌하고 싶다면 최대한의 리스크를 무릅쓸 각오가 필요하다. 여기에서 '최대한의 리스크를 무릅써라' 또는 '과감하게 행동하라'는 말은 가장 높은 산에 도전하거나 번지 점프를 하거나 전 재산을 털어 복권을 사라는 뜻이 아니다. 그것은 자신의 한계를 뛰어넘을 수 있도록 노력을 다하며 항상 배우고 성장하는 자세를 말한다. 지금껏 살아온 익숙한 세상에서 조심스럽게 비상해보기도 하고 세상 밖으로 나가 모험을 즐기는 것을 의미한다. 정신적으로나 경제적으로, 모험을 통해 자신의 가능성을 모조리 시험해보자. 혼신의 힘을 다하는 각오로 도전하는 것이다. 이렇게 도전에 임할 때 사람들은 리스크를 무릅쓰고 있다고 느낀다.

어떻게 해야 자신의 힘을 최대한 발휘할 수 있는지 당신만이 알 수 있다. 얼마만큼의 리스크를 감당할 수 있는지 결정하는 것도 당신이다. 내면의 목소리에 귀를 기울이면 알 수 있다. 다른 사람의 결정은 도움이 되지 않는다. 자기 자신만큼 당신을 잘 아는 이는 없기 때문이다.

과거를 돌아보자. 연애와 결혼이 생각만큼 쉽지 않았던 기억, 프로젝트에 실패했던 기억, 놓쳐버린 좋은 기회에 대한 기억 등을 떠올려보라. 대부분의 경우 실패의 원인은 자신의 능력을 과감하게 모두 보여주지 못한 데 있다. 우리들은 좀처럼 감정이나 능력을

100퍼센트 표현하지 못한 채 살고 있다. 100퍼센트 자신을 표현한다는 의미는? 연애와 결혼에 있어서는, 서로 벽을 만들지 않고, 있는 그대로를 보여주면서 상대에게 솔직하게 감정을 표현하는 행동을 말한다. 일에 있어서는, 실패를 두려워하지 않고 당차게 사업을 해나가는 기상을 뜻한다. 사람에 따라서 지지하는 정당의 선거운동에 전력을 다하거나 자신이 취해야 할 행동이 무엇인지를 더 확실히 이해하는 것을 가리킬 수도 있다.

최대한의 위험을 무릅쓴다는 것은 말 그대로 최대한이 되어야 한다. 그 이하여서는 안 된다. 100퍼센트의 위험을 감당할 수 있다면 100퍼센트의 힘을 발휘해야 한다. 95퍼센트 이하로는 기대만큼 효과가 돌아오지 않는다. 95퍼센트라는 엄청난 리스크를 무릅썼음에도 불구하고 효과를 거둘 수 없다는 말이다. 이 점이 가장 어려우면서도 흥미를 느낄 수 있는 부분이다.

활력 있는 인생을 만들기 위해서는 위의 네 가지 기본 조건을 충족시키는 동시에, 자신이 갖고 있는 능력을 최대한 발휘할 수 있어야 한다.

18
삶의 흔적을
남긴다

내 아버지 게이브 맥매너스는 흑인의 영혼을 가진 백인이었다. 돌아가시기 전 20년 남짓 시애틀 시에서 작은 바를 운영했고 마을에서는 완고하기로 정평 있는 어르신으로 존경받았다. 블루스와 재즈, 아르앤드비R&B에 남다른 애정이 있어서 가게에는 항상 그런 음악이 흐르고 있었다. 마을 사람들은 최고의 음악을 즐기고 싶어 하는 사람이 있을 때면 으레 아버지의 가게를 추천해주곤 했다. 손님 중에는 툭하면 시비를 걸려는 거친 사람들이 많았다. 대부분이 선원, 매춘부와 그의 정부, 노름꾼, 술주정꾼들이었으며 그 사이에는 간혹 동성애자도 끼어 있었다. 이처럼 다양한 종류의 인간들이 뒤섞여 있었기에 싸우고 옥신각신하는 일도 흔했지만 당당한 체격에 위엄까지 갖춘 아버지는 각양각색인 사람들을 어느 때고 보기

좋게 다루셨다. 가게의 질서를 어지럽힌 사람은 즉시 밖으로 쫓아 냈는데 지독히 취한 주정꾼 역시 예외가 아니었다. 아버지는 손님들이 술을 즐기고 음악을 듣기 위해 그곳을 찾는다고 생각했기 때문이었다.

가게에는 전등이 전혀 없었다. 주크박스의 조명이 유일한 빛이었다. 바의 좁고 긴 테이블에는 헤드폰이 설치되어 손님들은 맥주를 마시면서 자유롭게 음악을 들을 수 있었다. 아버지의 음악적 식견 또한 대단해서 블루스와 재즈에 관한 레코드, 뮤지션에 대한 지식은 전문가 못지않았다. 훗날 스타가 된 가수가 유명해지기 훨씬 전부터 아버지는 그 가수의 음악을 가게에 틀어놓고 손님들에게 추천해주곤 하셨다. 잘은 몰라도 그런 가수들이 꽤 됐다.

"저 애들이 저렇게 뜰 거라고는 생각도 못했어. 그저 녀석들의 노래가 좋았을 뿐이었지. 가게에 오는 손님들도 나처럼 녀석들 노래를 좋아했단다."

그러나 아버지는 60대 중반 무렵 암 선고를 받고 어쩔 수 없이 스윙과 블루스로 유명했던 가게의 문을 닫을 수밖에 없었다.

어느 날 나는 지붕 밑 다락방에서 레코드판으로 가득 찬 맥주상자를 수백 개나 발견했다. 모두 1920년대에서 1960년대에 걸쳐 발매된 낡은 앨범들이었다. 헤아려보니 전부 1,500장 정도 되었는데, 곡으로 따지면 7만 곡은 족히 넘어 보였다. 음악을 그 무엇보다도 사랑했던 아버지가 평생에 걸쳐 수집하신 물건이었다. 건강을 잃기 전까지 아버지는 레코드 가게를 전전하며 좋아하는 판들을 사서 모았다. 나는 다락방에서 내려와 "레코드판들을 저렇게 처박아 두시다니 아깝지도 않으세요?"라며 아버지께 말했다. 그리고 저 멋진 수집품을 다락방에 넣어둔 채 썩히기는 아까우니 당신이 좋아하는 곡을 골라 옴니버스 앨범을 만들자는 제안을 했다. 가게에 왔던 손님들에게도 호응을 얻었던 곡들이었기에 세상에 내놓아도 손색이 없으리라 생각했다.

아버지를 설득하기까지의 시간은 그리 길지 않았다. 조금 지나 아버지는 다락방에 올라가 몇 십 년이나 걸려 모아놓은 레코드 더미에서 즐겨 듣던 곡들을 고르는 작업에 착수하셨다. 78회전과 45회전의 낡은 EP레코드(싱글판) 더미에 간혹 가다 LP레코드(앨범)가 섞여 있었다. 그 속에서 앨범에 수록할 곡들을 골라냈다. 나도 아버지도 금세 그 일에 열중하게 되었다. 오래 지나지 않아 어머니와 아버지의 친구들도 이 프로젝트에 가세했는데 어쨌든 믿을 수 없을 만큼 많은 레코드를 가지고 진행하는 터무니없이 방대한 작업이었다.

모두가 레코드 제작 경험이 전무한 초보자들이었다. 우리 모두의 생활 또한 빠듯했으나 레코드 제작으로 돈을 벌 수 있으리라는 생각은 아무도 하지 못했다. 돈도 없고 기술도 없던 내게 이 작업은 결코 일이라고 할 수도 없었다. 아니, 어쩌면 일의 경지를 훨씬 넘어선, 하지 않고서는 견딜 수 없는 영혼의 목마름이었다. 이것이 바로 소스 개념의 살아 있는 예다.

이 프로젝트를 시작하기 전, 암으로 투병 중이던 아버지는 집에서 그저 앓고만 계셨다. 그런 아버지가 과거 30년간 당신이 즐겨 듣던 곡을 골라 명곡 선집을 만드는 작업에 몰두하게 된 것이다. 아버지의 건강은 눈에 띄게 좋아졌고 밤늦게까지 열심히 작업을 하셨다. 지붕 밑 다락방의 음악 보물 창고에서 소중한 추억과 함께 소중한 보물을 캐내고 계셨던 것이다.

아버지가 좋아하는 곡을 가지고 앨범을 만든다는 발상은 경제적으로나 현실적으로나 참으로 어리석은 계획이었다. 한 해 동안 판매되는 레코드의 수는 셀 수 없었고 새로 생긴 무명 레코드 회사가 내놓은 블루스 명곡 선집이라면 팔릴 가능성이 더욱 희박했다. 우리들은 정신 나간 짓거리라는 소리를 들어도 변명조차 할 수 없는 상황이었지만 그런 것쯤은 아무래도 좋았다. 프로젝트 수행 중에 나는 선곡한 곡의 저작권자와 원반을 찾아내는 일에 전력을 다했다. 다락방에 있던 레코드 커버에는 저마다 저작권이 붙어 있었지만 그 주인을 찾기란 결코 만만치 않았다. 더구나 레코드 회사가 오래되어 다른 곳에 팔리거나 흡수 합병되기도 하는 등 복잡한 문제가 많아 현재의 저작권 소유자를 찾기가 무척 힘들었다. 저작권 자체의 내용도 어렵고 세세한 규정들이 많아서 때로는 문서가 수십 장에 이르는 것도 있었다. 변호사도 두 손 들 정도였다. 그렇지만 내게는 시간이 그리 많지 않았다. 아버지는 암으로 죽음을 앞둔 상태였다. 곡의 해설을 쓰고, 앨범의 표지 사진을 찍고, 앨범의 재킷 디자인을 생각하는 일뿐 아니라 법률상의 절차와 사무 처리, 레코드 제작과 광고 판매 일 등 해야 할 일들이 태산 같았다. 그렇지만 아무리 무리한 스케줄이라도 우리를 멈추게 할 수 없었다. 우리는 아버지를 향한 사랑으로 똘똘 뭉쳐 한마음 한뜻으로 작업했다. 또 나는 6주에 걸쳐 아버지의 음성을 테이프에 녹음했는데 블루스 명곡 모음집에 대해 아버지는 이렇게 말씀하셨다.

"너무 무리하지 마라. 어차피 잘 될 일이라면 그렇게 애쓰지 않아도 잘될 테니까. 아마 잘될 게다. 미국의 깊은 뿌리니까. 거기에는 미국 사람들의 영혼을 향한 호소가 담겨 있단다. 시기적으로도 아주 좋은걸."

앨범이 발매되기 2주 전 아버지는 돌아가셨다. 완성을 보지 못하고 돌아가셔서 못내 아쉬워하는 사람들도 있을 것이다. 그렇지만 돌아가시기 전, 〈게이브의 더티 블루스〉라는 제목이 붙은 데모 앨범을 볼 수 있었기에 우리들은 만족한다. 앨범 재킷에는 아버지의 사진을 넣었다. 그 재킷에서처럼 행복감에 젖은 아버지의 모습을 나는 여태껏 본적이 없다.

광고를 거의 하지 못했지만 발매와 동시에 시애틀 시에서 1만 5,000장이 팔려나갔다. 《빌보드》와 《플레이보이》 등 유명 잡지에서 상당한 호평을 해주었기 때문에 미국을 포함해 세계적으로 금세 1만 5,000장이 팔려나갔다. 지금도 큰 레코드 가게에 가면 〈게이브의 더티 블루스〉 앨범을 발견할 수 있을 것이다.

〈게이브의 더티 블루스〉는 내 인생에 있어서도 가장 큰 자랑거리 중 하나다. 아버지에 대한 영원한 찬사다. 앨범 재킷을 보고만 있어도 힘이 솟는다. 꿈과 비전이 있으면 무슨 일이라도 할 수 있다고 내게 속삭여주기 때문이다. 사랑하는 사람과 자신에 대한 믿음을 위해 시간과 능력을 사용할 때, 다시 말해 조건 없이 자기 자신을 베풀 때 사람은 가장 큰 보배를 얻을 수 있다고 가르쳐주기 때문이다. 나는 이때의 체험을 '살아 있는 증거를 경험한 프로젝트'라고 부른다.

당신의 가족이나 친구들 가운데 한 사람이 지금 꿈을 이루려고 노력 중이라면 반드시 온 힘을 다해 돕길 바란다. 그 결과로 틀림없이 상상을 초월한 만족감을 누릴 수 있을 것이다. 다른 사람을 위해 뭔가를 하려 할 때 거기에서는 생각지 못한 큰 힘이 생긴다. 우리들은 도저히 그것을 해낼 만한 힘과 능력이 없다며 포기한 채 시도조차 하지 않지만 그것은 큰 잘못이다. 자신이 안주해 있는 안락한 영역에서 한 발짝 나와서 아주 작은 모험을 하는 것만으로도 필요한 정보와 능력을 금세 얻을 수 있는 경우가 생각보다 많다.

아주 조금이라도 남을 도울 때는 어떤 어려움이 있어도 꼭 해내리라는 굳은 결심이 필요하며, 그것은 누군가를 위해 애써보고 싶다는 마음에서 비롯한다. 자신이 뭔가를 얻기 원한다면 먼저 다른 사람에게 베풀어라. 중요한 것은, 모든 행동에는 애정이 실려 있어야 한다는 사실이다. 소스를 실행하는 4가지 기본 조건 중 세 번째 인 '사람들에게 조건 없이 베풀며 산다. 그리고 되도록이면 남몰래 행한다'란 바로 이것을 두고 하는 말이다.

5 소스의
선물

19
활기차게 사는 인생에
스트레스는 없다

소스를 따라 살다 보면 당신은 어느덧 인생의 보람과 활력을 느낄
수 있다. 게다가 스트레스도 저만치 날아간다. 케이티라는 여성이
걸었던 길이 좋은 예다.

케이티는 30년 동안 살던 집이 불에 타 한순간에 전 재산을 잃는
힘든 시련을 겪었다. 그런데 엎친 데 덮친 격으로 오랫동안 병상에
누워 있던 남편마저 상태가 급속도로 악화되어 내일을 기약할 수
없는 상황에 이르렀고 태어날 때부터 지적 장애가 있던 아들은 그
동안 살아왔던 집이 불타버린 데 심한 충격을 받았다.

시련은 케이티 자신에게도 닥쳐왔다. 20년 동안 근무해온 공무
원직에서 해고되었던 것이다. 너무나 짧은 순간에 이런 일들이 벌
어지자 케이티는 하늘이 무너지는 것 같았다. 어쩔 수 없이 그녀는

여관방을 빌려 생활했고 막막한 앞날을 생각하며 고독과 절망 속에 하루하루를 보냈다. 주변 사람들도 그런 상황을 모르고 있던 것은 아니었다. 하지만 케이티가 평소에 워낙 착실하게 살아왔던 터라 어떻게든 헤쳐나가리라 생각하고 지켜볼 뿐이었다.

하지만 케이티는 절망의 늪에서 헤어날 줄 몰랐다. 어떻게든 살아야 할 걱정에 잠을 이루지 못하는 날이 계속되었다. 이제 케이티의 얼굴에서 희망이라는 단어는 찾아볼 수 없었다. 그녀는 가족에게 책임을 다하지 못하고 있다는 죄책감에 하루하루를 절망 속에 살았다. 간단한 집안일을 할 때도 어깨에 천근만근이나 되는 짐을 짊어진 듯 항상 멍한 모습이었다. 아직 인생의 반도 살지 못한 상태에서 완전히 패배감에 사로잡혀 다시 일어서기란 영원히 불가능해 보였다.

하지만 케이티는 일어섰다. 소스를 공부한 후 그녀의 인생은 달라지기 시작했다. 자신이 정말 하고 싶은 일이 무엇인지 곰곰이 생각해보았다. 그리고 그것을 추구했다. 다시 태어난 것 같은 기분이 들면서 자신에 대해 많은 것을 발견하게 되었다. 소스의 실천법에 따라 조금씩 생활에 변화를 주기 시작한 결과, 케이티는 자신감과 의욕을 되찾았다. 그리고 스스로 평온함을 찾는 방법을 깨달았다. 오랫동안 잊고 있던 연극에 대한 열정을 다시 발견한 그녀는 '모두의 극단'이라는, 장애인을 위한 극단을 설립했다. 케이티는 그곳에서 극작가 겸 연출자로 활동하고 있다. 가끔 장애인들이 각본을 쓰고 연출을 맡기도 한다.

케이티가 원기를 회복해감에 따라 남편의 상태도 호전되기 시작했다. 아들도 장애인 시설에 들어가 살게 되었다. 그녀는 연극 활동이 장애인의 복지 향상에 기여하고 있다는 점에 기뻐하면서 이제는 스트레스를 아예 받지 않는다고 했다. 자신의 인생을 되돌아보며 그녀는 이렇게 말했다.

"소스를 만나면서 제 인생에 큰 구멍이 있었다는 걸 깨달았어요. 일에 치여 살 때는 가족이나 친구들의 소중함을 잘 몰랐어요. 그리고 무엇보다 제 인생이 없었죠. 소스 프로그램 덕분에 제 자신을 다시 발견했습니다. 앞으로 뭘 하며 살아야 할지 깨닫게 된 소중한 경험이었어요."

현대는 스트레스의 시대라고들 한다. 동시에 많은 일을 처리하면서 매일 아등바등 바쁘게 살고 있다. 이런 생활에 스피드를 더하기 위해 휴대전화와 이메일까지 보급된 형편이니 우리들은 매일같이 시간에 쫓기며 살고 있다. 하지만 할 일이 많다는 것이 스트레스를 받는 가장 큰 원인은 아니다. 진짜 원인은 하고 싶지 않은 일을 한다는 데 있다. 좋아하는 일을 하는 사람은 질병에 대한 저항력이 높다는 연구 결과도 있다. 이런 사람들에게는 편두통 같은 질환이 거의 나타나지 않는다고 한다. 위궤양이나 고혈압, 만성 요통이나 피부염, 인두염, 인플루엔자, 감기 등 스트레스와 관계 있는 병도 보이지 않는다. 좋아하지 않는 일을 하거나 인생을 즐기지 못하는 사람은 그 정도가 심할수록 스트레스에 많이 노출된다. 인생에서 기쁨을 느끼는 일도 줄어들고 몸은 축 처지기만 한다. 반대로 좋아하는 일을 직업으로 하면 스트레스는 사라지고 인생에 활력이 넘친다.

나는 스트레스를 많이 받은 날, 공을 들고 농구장으로 향한다. 땀을 뻘뻘 흘리며 농구를 하다 보면 스트레스의 원인이었던 일은 금세 잊고 만다. 긴장이 풀리고 마음도 서서히 안정되면서 걱정거리들은 눈 녹듯이 사라진다. 모형 기차의 선로를 조립하거나 다른 취미를 즐길 때도 마찬가지다. 포기하고만 싶던 일에도 다시 한 번 도전하려는 의욕이 솟구친다. 이렇게 좋아하는 일을 하는 동안에는 긍정적인 생각과 태도가 나를 지배한다.

하고 싶은 일을 하며 사는 인생은 강을 따라 바다로 떠나는 여행과 같다. 생활 속에서 크고 작은 꿈들을 실현해 나갈수록 강폭은 넓어지고 물살도 빨라져 인생이라는 여행은 한결 즐거워진다. 내가 이 소스 프로그램을 '꿈 실현 테라피'라고 이름 붙일까 몇 번이나 생각했을 정도로 꿈은 소스의 생활 방식에서 가장 중요한 요소다. 지금까지 수많은 사람들이 소스를 공부했지만 꿈을 발견하지 못한 사람은 단 한 명도 없었다. 일상생활에서 꿈을 실현하기 시작한 사람은 모두 인생의 새로운 전환점을 맞았다. 몸에 활력이 생기고 스트레스로 인한 각종 질환도 사라져 눈에 띌 정도로 건강이 좋아졌다. 자연히 병원에 가는 일도 드물어졌다.

생활 속에서 자신의 꿈을 실현하며 호기심을 좇아 행동하고 좋아하는 일에 푹 빠져 지내다 보면 스트레스는 당신 곁에 얼씬도 못할 것이다. 자연히 스트레스에 대한 저항력도 높아진다. 무겁기만

하던 출근길 발걸음도 어느새 기대감으로 가벼워진다. 하고 싶은 일을 하며 사는 사람은 몸과 마음이 항상 건강해 병에도 잘 걸리지 않는다.

자신이 어떻게 살고 싶은지를 깨닫고 스스로 활기찬 인생을 꾸려가자. 얼마 지나지 않아 평온한 몸과 마음으로 자신 있게 살아가는 당신을 볼 수 있을 것이다.

20
일이 나를
찾아온다

우리는 모두 직업에 대한 고정관념을 바꿀 필요가 있다. 직업이란 자기 본연의 모습과는 아무 상관없이 수입을 얻기 위해 일시적으로 종사하는 것이라는 생각에서 벗어나야 한다. 마치 무대에서 정해진 시간만 연기를 하고 그 시간이 끝나면 본래의 자기로 돌아오는 배우처럼 우리는 어느 사이엔가 일과 사생활은 완전히 다른 것이란 생각을 갖게 되었다.

"놀면서 일하면 안 된다."

"회사에 놀러 왔나. 잠자코 일만 해라."

이런 말을 수도 없이 들어온 탓인지, 인생에서 일과 놀이는 전혀 별개여야 한다는 생각이 뿌리박혀버렸다. 일과 사생활이 분리된 것은 현대인들의 비극이라 할 수 있다. 날마다 생활이 둘로 나뉘었고 서로 관계도 없는 활동을 각본에 맞춰 순서대로 할 뿐이다. 그리고 직장 환경에 적응하기 위해 본래의 자신을 억누르고 일해야만 한다. 이렇게 많은 사람들이 매일을 연기하듯 살고 있다. 상황이 이러하니 인생이 너무 힘들어 이젠 포기하고 싶다는 이들의 말도 이해가 안 되는 바는 아니다. 하지만 그럴 수는 없지 않은가. 우리는 스스로 조화로운 인생을 계획하고 그것을 실천하는 방법을 익혀야 한다.

여기에서 가장 큰 문제는 자신의 직업과 사생활을 얼마나 조화롭게 엮어가느냐. 나는 꿈을 이루는 과정이 곧 인생이라고 생각한다. 직업은 자신이 좋아하는 일을 하는 동시에 금전 등을 얻는 생활 수단이 되어야 한다. 나는 직업 인생에 대해 이렇게 말한다.

"자신의 모든 꿈을 삶 속에서 실현하며 사회에 공헌하는 것입니다. 어느 한 쪽에도 치우치지 않는 균형 잡힌 생활 방식은 우리로 하여금 우리가 이 세상에 사는 목적인 '존재 의의'를 깨닫게 합니다."

이렇게 충실하고 정열적인 인생이 내가 생각하는 이상적인 인생이다. 이 정의에 따라 살아가면 생활하는 데 필요한 수단이나 방법은 힘들여 찾지 않아도 자연히 얻어진다.

어떻게 직업을 구해야 할지 물어보는 사람들에게 나는 다음과 같이 답해준다.

"우선 당신의 인생을 들여다보십시오. 아주 어렸을 때의 기억까지 거슬러 올라가 당신이 자연스럽게 갖게 된 꿈이 무엇인지 생각해보십시오. 당신이 좋아하던 것, 하고 싶었던 것, 푹 빠져 지냈던 것, 호기심이 끌렸던 것, 꿈꾸었던 것 등을 모두 써봅니다. 그것으로 지난날의 일기를 만드는 겁니다. 그리고 그 일기를 기본으로 앞으로의 행동 계획을 세웁니다. 하고 싶었던 일을 날마다 생활 안에서 동시에 실행하다 보면 당신의 인생에는 활력이 생깁니다. 그러면 자연히 일도 당신을 향해 손짓하게 됩니다. 당신에게 그 이상 맞는 일은 없을 테죠. 당신이 하고 싶었던 꿈을 좇았기에 그 꿈이 당신을 이끈 것입니다."

'일이 나를 찾아온다'고 말하는 데는 이유가 있다. 우리는 보통 "앉아서 기다리지만 말고 일을 찾아라" "적극적으로 일에 뛰어들어라"라고 하는 말을 자주 듣는다. 하지만 이런 자세만으로는 결코 성공할 수 없다. 적극적으로 구직 활동을 하는 사람은 구직이라는 사실에만 몰두하여 본래의 자기와는 동떨어진 일을 구하는 경우가 많다. 대부분 이런 경우, 직장에서는 자신의 본래 모습을 무시해야만 한다. 그 결과 깨어 있는 시간의 대부분은 일을 하거나 그 일을 하면서 받은 스트레스를 푸는 데 쓰는 꼴이 된다. 오히려 자신이 하고 싶은 일을 깨닫고도 그것을 생활 속에서 실행하지 못하는 사람은 스트레스를 많이 받는 직업만 발견할 위험이 높다.

하지만 좋아하는 일을 하며 자기 방식대로 사는 사람에게는 일과 기회가 저절로 굴러 들어온다. 스스로 인생의 주인공이 되어, 일을 찾는 것이 아니라 일을 맞이하게 된다. 연애나 결혼도 마찬가지다. 누구나 결혼 상대를 찾기 위해 이성과 사귀어본 경험이 있을 것이다. 그중에는 이상형의 조건을 구체적으로 써본 사람도 많을 것이다. 그 조건에 맞는 사람을 찾은 경우도 있겠지만 대부분은 그렇지 못하다. 이런저런 조건을 생각하면서 찾으려고 하면 되레 더 어렵다. 찾는다는 행위 그 자체가 목적을 제치고 우선순위에 오르기 때문이다.

그러니 굳이 직업을 구하려고 애쓰지 말자. 대신 자신의 꿈을 좇으며 당신만의 인생을 만들어가자. 좋아하는 일에 푹 빠져 지내는 시간을 늘리자. 좋아하는 일과 관련된 장소에서 뜻이 맞는 사람들과 어울리자. 있는 그대로의 자신을 표출하는 사람들과 사귀자. 당신과 공통 관심사를 가진 이들과 많은 시간을 보내자. 자신의 꿈을 실현하는 데 도움이 될 책을 읽자. 자기계발을 위한 강연회나 영화, 세미나 그리고 모임 등에 빠지지 말고 참석하자. 좋아하는 분야를 충분히 즐기자. 그리고 깊게 파고들자. 아무도 해보지 않은 일에 맨 처음 도전하고 용기를 내어 행동하자. 그다음은 모두 '작은 한 걸음'이 이끌어줄 것이다.

폴 매카트니를 비롯한 비틀스 멤버들은 음악을 직업으로 선택하지 않았다. 그들은 음악을 좋아했기에 단지 음악에 빠져 시간을 보냈고, 마찬가지로 음악을 좋아하는 사람들에게 둘러싸여 있었다. 마이클 조던은 고등학교 시절 농구를 직업으로 삼지 않았다. 농구를 너무 좋아했기 때문에 농구 코트를 떠나서는 살 수 없었던 것이다. 유명한 여류 화가인 조지아 오키프도 일을 찾아 나서지 않았다. 예술에 몸담고 싶다는 직관을 중시하며 살다 보니 그것이 평생 그의 생활을 끌어주는 수단이 된 것이다. 오키프는 아흔이 넘어 죽을 때까지 활발한 창작 활동을 했는데 그녀는 아흔 둘에 도예를 시작했다!

서른이 될 때까지 나는 29종류의 직업을 체험했다. 하지만 이제 와서 보니 어느 것도 내 인생에 이렇다 할 도움을 주지는 못했다. 여건이 되는 대로 일을 선택했고 그 무엇에도 만족하지 못하고 결국 중도 하차하는 경우가 많았다. 지금 생각해보면 상당히 어리석은 짓이었다. 좋아하는 일을 모두 실행해보자고 결심하기 전까지 나는 진정 내가 해야 할 일을 찾지 못했다. 진정 해야 할 일, 그것은 바로 소스 프로그램을 개발하는 것이었다.

하고 싶은 일을 생활 속에서 실행하면서 서서히 시너지 효과가 생겨났고 나는 활기 넘치고 매력적인 사람이 되었다. 온 몸이 의욕으로 똘똘 뭉쳐 누구도 나를 막을 수 없었다. 이 한결같은 열정이 자석처럼 많은 사람들을 만나게 해주었다. 좋아하는 일을 하며 활기차게 인생을 살다 보면 하루 하루가 보람차다. 이런 사람에게 해고란 강 건너 불일 뿐이다.

부득이하게 직장을 그만두는 일은 있을지 몰라도 활기차고 정열적인 인생에서 해고되는 일은 없다. 이것이 소스에서 말하는 직업이다. 이제 마음에 드는 일을 구하려고 아등바등하지 말자. 좋아하는 일을 하며 당신만의 인생을 알차게 꾸려가자. 그러면 일이 당신을 찾아올 것이다.

비키는 버스 회사의 고객 불편 상담센터에서 일하고 있었다. 그래서인지 비키는 언제나 우울하고 초조해했다. 스트레스도 많이 받아 부부 관계도 원만치 않았다. 그때 소스 프로그램을 접한 그녀는 어린 시절에 하고 싶었던 일들을 하나둘씩 떠올렸다. 좋아했던 냄새나 맛, 소리와 촉각, 장소와 사람들을 생각한 다음, 자신의 '존재 의의'에 대해 써 내려갔다.

비키의 존재 의의는 '누구도 느껴본 적이 없는 무언가를 전달해 주는 것'이었다. 그리고 자신이 햇빛, 즐거운 놀이, 동물이나 식물 등을 좋아한다는 사실을 깨닫고는 즉시 그것을 생활 속에 끌어들이기 시작했다. 지금 하는 일이 자신에게 전혀 맞지 않는 직업이라고 느낀 그녀는 회사가 아닌 예술적인 분야에서 활동하기로 마음먹었다. 그래서 비키는 홍보과로 바꿔달라고 회사에 신청했고 1주일 중에서 사흘만 일하기로 했다. 희망을 향해 작은 한 걸음을 내딛는 순간이었다. 비키는 정원과 화단 가꾸기를 공부하기 시작했고 마침내 그녀에게도 조금씩 고객이 생겼다. 또 집에서 손수 드라이플라워를 만들었는데 정기적으로 그 꽃들을 사겠다는 가게도 두 군데나 생겼다. 정원사 자격증을 딴 후로는 나날이 고객도 늘어갔다. 더욱이 다행스러운 점은, 이혼 직전이었던 남편과의 사이도 놀랄 만큼 좋아졌다는 사실이었다.

컴퓨터 프로그래머였던 킴은 소스 프로그램을 공부하면서 자기 안에 잠자고 있던 음악에 대한 열정을 다시 발견했다. 작은 한 걸음을 내디딘 킴은 이후 매일을 음악에 파묻혀 지냈고 드디어 컨트리 가수로서 무대에서 노래할 수 있게 되었다. 킴은 이렇게 말한다.

"지금 생각해보면, 오래전부터 마음속으로 가수가 되고 싶다는 생각을 한 것 같아요. 지금까지 저는 제 꿈을 무시하며 살아왔습니다. 직업인으로서 웬만큼 성공하긴 했지만 그것이 본래의 제 모습은 아니었죠. 제 마음 깊은 곳을 들여다보고 나서야 그 속에 숨어 있던 열정을 발견할 수 있었습니다."

세일즈맨인 제프는 일에 치여 살다 보니 몸도 예전 같지 않고 만사가 귀찮아졌다. 20년을 함께 지낸 아내와도 이혼한 직후였다. 하지만 '꿈의 리스트'를 작성하면서 자신이 사교 댄스를 무척 좋아한다는 사실을 알게 되었고, 즉시 사교 댄스를 생활 속에 끌어들였다. 또 헤어진 아내와도 재결합하는 편이 좋겠다는 판단에 다시 아내와 가정을 꾸려 함께 사교 댄스 교실을 열었다.

코라는 소프트웨어 회사에서 마케팅 부장으로 일하고 있었다. 하지만 그녀는 자신의 인생에 늘 불만이었다. 소스 프로그램을 통해 코라는 예술, 여행, 사람들, 사업, 컴퓨터 기술, 인간관계 등에 자신의 정열을 쏟아부어야 한다고 생각하고 즉시 그것을 실천에 옮겼다. 현재 코라는 화랑을 경영하고 있다. 세계 이곳저곳을 누비며 독창적인 예술 작품을 찾아 그것을 화랑이나 인터넷을 통해 판매하고 있다.

잭은 TV 방송국에서 일하고 있었다. 처음 5년 동안은 재미있고 보람도 느꼈지만 다음 5년 동안은 그것도 신통치 않았다. 가족의 생계를 책임지고 있었기에 그저 보수를 많이 받는다는 데 만족해야 했다. 그러나 5년째가 되자 이대로 살 수만은 없다는 생각이 들었다.

"그때 전 체력적인 한계에 부딪혔습니다. 방송국에서 계속 일하기엔 무리였죠. 배터리 수명이 다 된 상태라고나 할까요. 다른 직업을 생각해야 했습니다. 하지만 제가 진정 뭘 하고 싶은지 잘 몰랐습니다."

마침 그때 잭은 소스를 만났다.

"소스 프로그램은 지금껏 몰랐던 새로운 나를 발견하게 해주었어요. 주변 사람들도 절 많이 다독여 주었고 그 덕분에 생전 처음 홀가분한 마음으로 제 꿈에 대해 진지하게 생각할 수 있었습니다. 아주 어렸을 적 다섯 살 무렵 같은데, 그때부터 전 모터보트를 무척 좋아했습니다. 모터보트를 보고 있을 때는 아무 생각도 나지 않았죠. 해마다 모터보트 레이스가 열리면 빼놓지 않고 참석했지만 멀쩡하게 다니는 직장을 그만두고 그런 애들 장난 같은 일에 뛰어들 순 없다고 스스로를 타일렀습니다. 하지만 소스 프로그램 덕분에 겨우 제 꿈을 추구할 용기가 생겼어요."

잭은 방송국을 그만두고 아침부터 잠자리에 들 때까지 모터보트만을 생각했다. 2년이 채 지나지 않아 그는 모터보트 정비사로 일하게 되었고 이전에 맛볼 수 없었던 행복감을 느낄 수 있었다. 현재 잭은 친구와 함께 모터보트를 사서 레이스에 참가하기로 하고 스폰서를 구하고 있다.

"평생 이 일을 계속할지는 모르겠지만 도전도 하지 않고 포기했다면 분명 후회했을 겁니다. 방송국을 그만둘 즈음에는 더 이상 제 욕구를 억누르지 못해 몸도 말을 듣지 않았나 봅니다. 소스 덕분에 제 자신을 다시 찾은 것 같아요. 밤에도 아이들처럼 푹 잠이 듭니다. 이렇게 마음이 가벼워진 건 2년 만에 처음이에요."

소스의 방법론 가운데 '좋아하는 일 주위를 서성대라'가 있다. 이 방법은 새로운 직업을 얻을 수 있는 절호의 기회를 제공한다. 소스 프로그램 졸업생인 그레그는 "좋아하는 일 주위를 서성대라. 그러면 좋아하는 일이 당신을 끌어들일 것이다"라는 말을 입버릇처럼 했다. 그레그는 악기를 좋아했지만 그와 관련된 일을 좀처럼 찾지 못했다. 하지만 하루에 두세 시간은 꼭 '아메리칸 뮤직'이라는 유명한 악기점 안을 서성댔다. 그곳에서는 모든 종류의 악기를 볼 수 있고 특히 프로밴드 투어에 나가거나 녹음 연주를 할 때 사용하는 악기를 전문으로 판매하고 있었다. 그레그는 악기 옆에 있는 것만으로도 행복했다. 그는 모든 악기를 연주할 수 있었고 남들에게 연주법도 잘 가르쳐주었기 때문에 가게에 온 손님과 악기 이야기를 자주 나누곤 했다. 이렇게 6개월 정도가 지난 어느 날, 평소엔 잘 나오지 않던 주인이 가게 안을 서성거리던 그레그를 보고는 물어보았다.

"이 가게 점원인가요?"

"아니요. 여기 있는 게 좋아서 매일 오는 것뿐이에요."

"당신은 우리 가게에 있는 어떤 점원보다도 물건을 잘 파는군요. 이곳에서 일해보지 않겠어요?"

결국 그레그는 자신이 좋아하는 일을 하게 됐다.

여기에서 잠시 내 이야기를 하려고 한다. 1955년에 공군을 제대한 나는 당시 내가 무엇을 좋아하는지 몰랐다. 그때 시애틀 중심가에서 아버지가 바를 운영하고 있었고 나는 자연스럽게 그곳에서 바텐더 일을 하게 되었다. 언제나 선원들로 북적거리던 그 바에서 2년 반 남짓 일했는데 자욱한 담배 연기와 취객들의 난동이 끊이지 않는 곳이라 별로 마음에 들지는 않았다. 물론 많은 사람들과 부대끼면서 내가 한층 성숙해졌다는 것은 부인하지 않겠다. 낮에는 시간이 비었기 때문에 축구장에 가서 선수들이 축구 연습하는 모습을 구경했다. 평소 축구를 매우 좋아하던 나는, 그곳에서 엉겁결에 소년 축구팀 코치를 맡게 되었다. 그 팀은 열 살에서 열한 살까지의 소년들로 이루어져 있었는데, 이것을 계기로 그 후 22년 동안 여러 팀을 거치며 코치 일을 계속할 수 있었다. 그뿐이 아니었다. 소년팀 코치를 하고 있을 때, 같은 경기장에서 중학생 팀을 맡고 있던 코치와 알고 지내면서 내 인생은 큰 변화를 맞이했다. 그 사람 덕분에 여러 기회를 얻을 수 있었던 나는 내 사업을 시작하게 되었고 드디어 워싱턴 주 의회의 상원 의원에까지 당선되었다.

가을 햇빛이 눈부시던 어느 날, 평소 스포츠를 좋아하던 나는 그날도 어김없이 축구 경기장으로 향했다. 그 작은 한 걸음이 평생의 친구를 만나게 하고, 사업을 일으켰으며, 정치가로서 길을 걷게 해 주었다. 그 친구는 오랜 세월이 흐른 후 워싱턴 주지사가 되어 두 번째 임기를 마쳤다.

나를 포함해서 위에 예로 든 사람들 가운데 그 누구도 구인 광고를 보고 일을 찾아 나선 사람은 없었다. 이들은 모두 자신이 진정하고 싶은 일이 무엇인지 진지하게 생각하고 그것을 생활 속에 끌어들였다. 좋아하는 일을 하는 동안 그들의 인생은 활기로 넘쳤다. 이렇게 살아가는 가운데 새로운 직업을 발견한 것이다. 아니, 직업이 그들을 발견했다고 할 수도 있겠다. 몇 년이란 시간이 걸린 사람도 있지만 포기하지 않고 꿈을 추구한 결과 그들은 스스로 만족할 만한 직업을 갖게 되었다.

이젠 더 이상 "그런 일 해서 어떻게 먹고 살래?" 하는 말에 기죽지 말자. 경제적인 이유나 가족을 책임져야 한다는 이유로 꿈을 포기하지 말자. 주위 사람들의 기대에 따르기 위해 사는 인생에서 벗어나자. 따분하고 재미없는 일을 하거나 직장을 구하려고 날마다 구인 광고를 뒤적거리는 사람도 이젠 생각을 바꾸자. 그 대신 좋아하는 일을 하며 활기차게 자신의 인생을 꾸려가자. 그렇게 살다 보면 하고 싶던 일도 저만치서 당신을 부른다. 머지않아 당신은 만족할 만한 수입을 얻고 이상형의 상대와도 만날 수 있다. 꿈을 포기하는 것만큼 어리석은 일은 없다.

21
좋아하는 일을 하다 보면
돈은 자연히 따라온다

우리들은 하고 싶은 일을 하지 않는 가장 큰 이유로 돈이 없다는 핑계를 자주 댄다. 정말이지 하루도 빼놓지 않고 듣는 말이다. 그러나 '좋아하는 일을 하다 보면 돈은 자연히 따라온다'는 진실을 기억하자. 돈이 없다는 걱정을 하기에 앞서 어떻게 좋아하는 일을 할 것인지부터 고민해라.

눈을 뜨고서 잠자리에 들 때까지 열심히 자신의 꿈과 소망을 좇아가자. 하고 싶은 일을 생활 속에 더 많이 끌어들일수록 당신의 꿈에 도움이 되는 기회나 인물과 더 많이 만날 수 있다. 통계학적으로 증명할 수는 없지만 강한 신념과 결의를 갖고 실천하면 내 말이 사실임을 금방 깨닫게 된다. 꿈이나 소망을 실제 행동으로 옮기지 않는 한 무엇이 자신을 행복하게 만드는지 영영 알 수 없다. 그리고 그것을 알 때까지 우리의 인생은 변명으로 얼룩진다.

무엇이 자신을 행복하게 만드는지 깨닫는 순간 우리는 더 이상 결단을 미루거나 자신의 꿈에 거스르는 행동을 할 수 없다. 그리고 우리는 성큼성큼 꿈을 향해 나아간다. 좋아하는 일이나 꿈을 실현하려면 주위 사람들의 힘을 빌려야 하는 경우도 생긴다. 당장 돈을 마련하기 위해 친구에게 손을 벌려야 할지도 모른다. 이제 당신은 안전지대를 떠나 위험을 각오하고 행동해야 한다. 부부 사이가 나빠질 수도 있다. 그래도 포기하지 않고 실행한다면 길은 열린다. 꿈을 실현하면서 부딪히는 난관은, 싫어하는 일을 할 때 느끼는 심적 부담감에 비한다면 그래도 견딜 만하다. 주위 사람들에게는 실패한 인생처럼 보일지 몰라도 꿈을 추구하는 당사자의 마음은 기쁨으로 넘친다. 어차피 할 고생이라면 자신의 꿈을 좇으며 사는 인생이 훨씬 희망적이다.

역사 속 인물 가운데에도 난관에 굴하지 않고 꿈을 좇아 성공한 예는 얼마든지 있다. 자동차 왕 헨리 포드나 화학자 퀴리 부인 같은 사람들이 그렇다. 사업가, 배우, 음악가, 발명가, 사회 운동가 중에서도 그런 이들을 발견하기란 어렵지 않다. 그들의 공통점은 한결같이 '실패를 각오하고 자신의 꿈을 끝없이 추구했다'는 점이다. 성공한 사람들에게는 누가 뭐라고 해도 나는 하고야 만다는 뚝심이 특징적으로 나타난다. 그들은 주위 사람들이 아무리 반대해도 어떤 장애물이 앞을 가로막아도 결코 무릎을 꿇지 않는다.

사실, 좋아하는 일을 하다 보면 돈은 자연히 따라온다는 것쯤은 누구나 알고 있다. 단, 돈이 더딘 속도로 따라올 수도 있다는 점을 모두들 잊고 있을 뿐이다. 미국의 백화점 왕 J. C. 페니는 성공하기 전, 파산을 경험한 적이 있다. 배우 실베스터 스탤론은 대히트를 기록한 영화 〈록키〉의 주인공이었지만 그렇게 되기 전, 50여 곳이나 되는 영화사에서 번번이 퇴짜를 맞았다. 에디슨도 전구를 발명하기까지 수많은 실패를 거듭해야 했다.

우선 자신의 꿈이 무엇인지 진지하게 생각해 보는 시간이 필요하다. 꿈은 당신의 소망이나 호기심, 관심, 열광하는 것 등의 집합체에서 발생한다. 꿈이 가시화되면 자신의 모든 힘을 집중시켜야 한다. 소망이나 꿈을 중심으로 생활할수록 당신에게 도움이 될 인물, 기회, 돈은 더 많이 따라온다. 여기에서 주의해야 할 점은, 돈이나 기회는 항상 마지막 단계에 나타난다는 것이다. 그러므로 우선은 꿈을 구체적으로 그린 다음 중도에 포기하지 말고 목표를 향해 돌진하라.

1982년, 내가 워싱턴 주의 상원의원 선거에 입후보했을 때의 일이다. 선거운동에 쓸 자금을 모으기 위해 수중에 있던 돈을 모두 쏟아부었고 그것도 모자라 다른 사람에게 빚까지 졌다. 그리고 수백 명이나 되는 자원봉사자들의 도움을 받았다. 그렇게 해서 선거운동 자체는 여러 사람들의 열의와 약간의 기부금으로 대충 해결됐는데 정작 필요한 자금이 들어온 것은 투표 3일 전이었다. 내 당선이 확실시되자 그제야 개인적으로 헌금하는 사람이 늘어났던 것이다(미국에서는 개인 헌금에 제한이 없음). 그 덕분에 나는 자금 격정 없이 무사히 당선될 수 있었다.

꿈을 이루는 데 필요한 인재나 재원을 얻기 위해서는 어떻게든 앞으로 나아가야 한다. 당신이 결의와 의욕에 가득차 있음을 모두에게 알려야 한다. 당신의 결의가 전달되면 필요한 자금이 모이는 것은 시간문제다.

돈이 없다는 이유로 하고 싶은 일을 하지 않는 사람의 경우, 나는 그런 사람들의 속마음은 실상 이렇다고 말하고 싶다. '이것이 정말 하고 싶은지 그것도 잘 모르겠다' 아니면 '이건 정말 내가 좋아하는 일이 아니다'라고.

하고 싶은 일이 무엇인지 자신 있게 말할 수 있는 단계에 이르면 그것을 언제 어디서 어떻게 실현해야 하는지는 자연스럽게 알게 된다.

많은 사람들이 우선 돈을 모은 다음에 하고 싶은 일을 하겠다고 말한다. 예를 들면 부동산으로 돈을 불린다든지 소프트웨어를 개발해서, 또는 영업으로 돈을 번 다음에 꿈을 이루겠다고 한다. 그러나 그런 이들의 대부분은 돈을 버는 데 급급해서 꿈을 실행하는 단계까지 가보지도 못한다. 수입이 세 배가 되어도 아직 멀었다고 한다. 마흔이 되면 퇴직할 거라고 말하면서도 정작 그 나이가 되면 마흔다섯 살은 되어야 하고 또 그다음에는 쉰 살이 넘어야 한다는 식이다. 그러는 사이 꿈은 저만치 달아나고 만다.

현대에 정신적·경제적으로 윤택하게 살기 위해서는 '자신감'과 '기업가 정신'이 필요하다. 자신이 어떤 사람인지 확실히 파악하고 나면 다른 사람에게 의지하지 않고 스스로 인생을 선택할 수 있다는 자신감이 생긴다. 자신을 알기 위해선 우선 꿈이나 소망을 발견하고 그것을 행동으로 옮겨야 한다.

기업가 정신을 가져야 한다고 해서 반드시 스스로 사업을 일으켜야 한다는 뜻은 아니다. 진정한 기업가 정신은 당신이 언제 어디에서 어떤 상황에 처하더라도 독창적인 발상으로 대처할 수 있게 한다. 물론 회사 조직 안에서도 기업가 정신은 필요하다. 조직 내에서 자신의 성격에 맞는 업무로 전환할 수 있다. 자신의 아이디어를 구체화하고 사업 계획을 짜 당신에게 맞는 일을 새로 만들어내는 것도 가능하다. 어떤 직업에 종사하든 자신이 기업가라는 생각을 갖고 행동하자. 어차피 지금 당신은 자신의 인생을 매일 설계하고 디자인하며 살아가고 있지 않은가. 책임 의식을 갖고 자신의 업무나 사업을 기획하고 실행하자. 그럼 더욱 자유로워질 뿐 아니라 장기적으로 봐도 조직이나 주위 사람들에게 운명을 맡기는 사람보다 실패할 위험이 적다.

하고 싶은 일을 더 이상 미루지 말자. 돈이 없다는 것은 이유가 되지 못한다. 실제로 돈은 아무 상관도 없다. 소스 프로그램에 따라 자신이 하고 싶은 일을 확실히 알았다면 그것을 행동으로 옮기는 데 머뭇거리지 말자. 지금 말하는 것은 기적의 힘이 아니라 우주의 법칙이다.

'하늘은 스스로 돕는 자를 돕는다.'

22
꿈의 본질

꿈의 본질을 찾으면 더 쉽게 꿈을 실현할 수 있다

'꿈의 본질'은 당신이 어떤 면에 매력을 느껴 그 활동을 좋아하는 지를 알려준다. 꿈의 본질까지 거슬러 올라가면 당신이 진정 어떤 부분에 열광하는지 알 수 있다. 꿈의 본질에서 파악할 수 있다면 겉으로 드러난 형태에 현혹되지 않고 본질 그 자체에 다가설 수 있 다. 자신의 꿈을 그 형태나 규모 그대로 실현할 수 없을 때, 그리고 두 가지 꿈이 서로 대립하여 어느 하나를 포기해야 한다고 느낄 때, 꿈의 본질이 당신의 고민을 덜어줄 것이다. 언뜻 불가능해 보 이는 꿈이나 일을 가능하게 하는 기적적인 분석 방법이 당신을 기 다리고 있다.

내가 아는 한 남성은 전미 프로 농구NBA에서 뛰어보는 것이 꿈이었다. 하지만 그는 177센티에 73킬로그램이라는, 농구 선수로서는 상당히 불리한 체격 조건을 갖고 있었다. 운동 신경도 마이클 조던의 10분의 1이나 될까. 체격, 운동 신경, 나이 등을 생각하면 이 남성이 프로 팀에 들어갈 수 있을 가능성은 거의 없다고 해도 좋았다. 하지만 필은 NBA의 농구 선수로서 코트에서 뛸 그 날만을 생각하며 하루하루를 보냈다. 그는 오로지 기회가 오기만을 기다렸다. 자연히 경제적으로도 어려워지고 가족과 친구들도 그런 그를 타이르는 데 지쳐갔다. 나는 필에게 프로 농구 선수의 어떤 점이 매력적이냐고 물어보았다. 어떤 점이 그를 그렇게까지 열광하게 하는가! 필은 다음과 같은 요소들을 꼽았다.

경기 때의 흥분, 경기의 재미, 속도감, 빠른 운동 신경, 격렬한 몸동작, 육체의 세계, 관객의 반응, 코치, 팀플레이, 집중력, 이겼을 때의 감격, 한순간에 승패가 판가름 나는 냉혹함

나는 이렇게 말했다.

"필, 그런 체험을 얻기 위해 꼭 프로팀에 들어가야 할까? 프로팀에서 경기하는 게 네 꿈이라고 믿고 있는 것 같은데, 그건 착각이야. 네가 원하는 건 NBA라는 프로팀이 아니라 오히려 농구 경기 그 자체일지도 몰라. 팀 멤버들과 함께 경기하거나 훈련하고 팀워크의 묘미를 맛보는 게 넌 좋은 거야. 그렇게 낙담해 있지 말고 네

가 정말 하고 싶은 게 뭔지 잘 생각해봐. 지금 이야기한 본질을 추구하다 보면 진정한 네 꿈을 알게 될 거야."

그 후 필은 NBA에서 눈을 돌려 지역 농구팀에 들어가기로 결심했다. 그리고 마침내 그는 2군 팀의 코치가 되어 이제껏 이렇게 행복한 적은 없었다며 크게 만족해했다. 그가 이렇게 행복할 수 있었던 것은 꿈의 본질을 추구했기 때문이다. 필은 이제 NBA 선수가 되지 못해 실망하면서 시간을 헛되이 보내는 대신, 날마다 좋아하는 일을 하며 인생을 정열적으로 살게 되었다.

오해가 없길 바라며 하는 말이지만 필이 2군 팀의 코치가 되었다고 해서 큰 꿈을 접고 적당한 선에서 타협했다는 뜻은 아니다. 꿈은 원대하게 갖고 계속 추구해야 한다. 꿈을 포기할 필요는 없다. 단 현재의 꿈을 그 형태 그대로 실현할 수 없는 경우에도 꿈 그 자체를 포기해서는 안 된다는 말을 하고 싶을 뿐이다.

꿈을 본질적으로 생각하면 같은 꿈을 다른 형태로 실현시킬 수도 있다. 당신이 진정 원하는 것은 오히려 그 꿈이 실현됐을 때, 보이는 당신의 모습이 아닐까. 구체적인 형태에 대한 집착을 버리면 본질에 다가설 수 있고 선택의 폭도 넓어진다. 겉으로 드러난 형태가 아니라 꿈의 본질에 주목하면 당신은 훨씬 쉽게 좋아하는 일을 하며 살 수 있다.

꿈이나 소망을 분석하는 방법으로서 '할 것(Do)'과 '소유할 것 (Have)' 그리고 '될 것(Be)'을 따져보는 방법이 있다. 인간은 '하고 싶은 것'과 '될 것'을 꿈꾸고 '갖고 싶은 것', '소유할 것'을 원한다. 하지만 세계 여행을 꿈꾸는 사람이나 교외에 정원 딸린 집을 원하는 사람에게 이유를 물어보면 진짜로 원하는 것은 그런 체험이나 소유의 결과로 얻을 수 있다고 믿는 자신의 모습이나 기분이다.

세계 여행을 하고 싶다고 말하는 사람들은 보통 이렇게 상상한다. '진귀한 볼거리와 사람들을 만날 수 있으니까 견문을 넓힐 수 있을 거야' '지루한 일상에서 도망칠 수 있겠지' '내 생활이 조금 더 활기차게 될 거야' 하고. 교외에 아름다운 집을 갖고 싶다고 말하는 사람들은 또 이런 상상을 한다. '행복한 가정을 꾸릴 수 있으니까 가족 간의 애정도 돈독해질 거야' '남 보기에도 떳떳하고 당당하게 살 수 있어' 하고 말이다. 그러므로 이들이 진정 원하는 것은 '활기차고 즐거운 인생'이나 '행복한 가정생활' 그리고 '당당하고 떳떳한 인생'인 셈이다. 그것을 얻는 수단으로 세계 여행이나 교외의 집을 생각해냈을 수도 있지만 활기찬 인생이나 행복한 가정을 얻기 위한 수단은 그 외에도 많다.

예를 들어 복권에 당첨됐으면 좋겠다고 말하는 사람에게 이유를 물으면 "빚을 갚고 남은 돈은 저금해서 노후에 대비하고 싶다"라든가 "내 집을 마련하고 가족끼리 해외여행을 하고 싶다" "회사를 그만두고 내 사업을 하고 싶다" 같은 대답을 한다. 여기에서 더 깊이 들어가 왜 저금을 하고, 집을 사고, 사업을 하고 싶은지 물으면 "돈 걱정하지 않고 안정된 생활을 하고 싶다" "함께 있으면 즐거운 가족이 됐으면 좋겠다" "내가 좋아하는 일을 하면서 인생에서 기쁨을 느끼고 싶다" 같은 내면의 욕구가 드러난다. 이 꿈을 이루려면 어떻게 해야 할까? 이 경우 대박의 꿈을 버리지 못하고 매주 복권을 사는 사람들을 볼 수 있다. 그들은 매주 실망하면서도 "이번엔 되겠지" 하면서 또 복권을 사러 간다. 이것이 첫 번째 선택이다.

그러나 또 다른 선택도 있다. 자신이 원하는 안정된 생활이나 따뜻한 가정, 좋아하는 일을 하며 사는 인생을 다른 형태로 실현할 수 없는지 그 꿈을 실현하기 위해 지금 내가 할 수 있는 것은 무엇인지 생각하는 길이다. 자신이 진정 원하는 것이 무엇인지 본질적으로 자각하면 선택의 폭이 넓어지고 실현 가능성도 커진다. 선택할 때는 그 길이 자신의 꿈을 이루기 위한 단순한 수단인지 아니면 장차 '이렇게 되고 싶은' 자신의 모습(Be)을 본질적으로 추구하는 길인지 신중히 검토해야 한다.

여기에서 또 한 사람의 예를 소개하려고 한다. 이 남성은 미국에서도 대자연의 모습이 그대로 남아 있는 곳으로 유명한 몬타나 주에 넓은 땅을 갖고 있었다. 그 안에는 폭포까지 있어 마치 낙원에 들어와 있는 것 같은 착각을 불러일으켰다. 그는 야외에서 즐길 수 있는 낚시나 카약을 좋아했기 때문에 몬타나의 생활이 마음에 꼭 들었다. 하지만 문제가 하나 있었다. 그에게는 할리우드의 영화배우가 되고 싶다는 꿈이 있었던 것이다. 대자연에 둘러싸인 몬타나 주에서의 야성적이고 자연적인 생활과 인공적이며 화려한 할리우드의 생활은 언뜻 보기에도 모순이 아닐 수 없었다.

나는 그에게 두 욕구 속에 숨어 있는 꿈의 본질이 무엇인지 물어보았다. 그에게 몬타나 생활의 매력은 평화, 대자연, 정적, 야외 생활의 즐거움, 장작 패기, 야생 동물, 낚시, 친구들과 카약 타기 등에 있었다. 한편 할리우드의 배우 생활에서는 연기, 남들을 즐겁게 하는 것, 영향력, 화려함, 유명해지는 것, 주연이 된다는 스릴과 기쁨, 많은 미인, 높은 수입, 여행, 일류들과 함께 일을 하는 즐거움 등이 있었다. 그러나 할리우드에 가려면 몬타나를 떠나야만 하는데, 이 남성은 그러고 싶지 않다는 데 심한 갈등을 느끼고 있었다. 둘 다 원하지만 어느 한 쪽도 포기할 수 없어 이러지도 저러지도 못하는 상황이었다. 물리적으로 보면 두 가지 꿈을 모두 이루기란 불가능해 보였다. 하지만 꿈을 본질적으로 세분해본 결과, 그가 원하는 것이 할리우드 그 자체가 아님이 분명했다. 그의 진정한 소망은 연기하는 것, 창조성을 발휘하는 기쁨, 많은 사람들과 일을 같이하는 즐거움이었다.

따라서 남은 문제는 자신의 창조적인 에너지를 제대로 표현할 수 있는 장소인 셈이다. 그래서 몬타나의 라디오 방송국 문을 두드렸고, 1주일에 한 번 프로그램에 출현할 수 있는 기회를 얻었다. 그리고 어느새 몬타나의 명사가 된 그는 청취자가 뽑은 인기 연예인 1위에도 선정되었다. 더 나아가 금요일 아침에 방송되는 라디오 뉴스 프로그램에서 영화 비평을 맡게 되었고, 지역 극단에서 주연으로 무대에 오를 수 있었다. 또 무대 감독, 각본에 이르기까지 점점 활동 범위를 넓혀갔다. 결국 그는 할리우드에 갈 필요를 느끼지 않게 되었다. 할리우드에서 하고 싶었던 모든 것을 몬타나에서도 실현할 수 있었기 때문이다. 그는 요즘 가끔 몬타나를 벗어나 시애틀의 큰 무대에서 연기하기도 한다. 할리우드에 가지 못했지만 그는 배우가 되고 싶다는 꿈의 요소들을 나름대로 체험할 수 있었다. 두 가지 꿈 모두를 포기하지 않았다. 꿈을 본질적으로 생각했기 때문에 그 모두를 이룰 수 있었던 것이다.

재닛은 대기업 영업부에 근무하고 있었다. 소스 프로그램을 공부하며 자신에게 이상적인 직업에 대해 그녀가 열거한 필요 요소는 도우미 같은 역할, 다른 나라의 문화에 대해 공부하는 것, 여행, 대화를 나누는 것, 행사의 기획 준비, 충고를 해 주는 것, 남들에게 도움이 되는 것, 밖에서 사람을 안내하는 것 등이었다.

얼마 후 재닛은 회사를 그만두었다. 홀로서기로 마음먹은 그녀는 펜션 경영에 손을 댔다. 하지만 곧 그 일에 자신이 싫어하는 요소가 있음을 알게 되었다. 방 청소나 부동산 관련 업무, 경리 일이나 가옥 수리 등이었다. 하지만 좋은 요소도 몇 가지 있었기 때문에 여행과 관련 있는 일이라고 생각하면 펜션 경영도 그리 나쁘지는 않았다. 하지만 여전히 재닛은 일에 치이는 기분이 들었고 왠지 답답했다. 그래서 펜션 경영의 경험을 살려 이번에는 여행 회사를 차렸다. 미국 북서부로 떠나는 체험 여행을 개인 단위로 기획해주는 회사였다. 경리 일처럼 하기 싫은 작업에는 직원을 고용하고 자신은 좋아하는 일에만 전념했다. 재닛은 이곳저곳을 여행하며 많은 사람들을 만나 독창성을 발휘했다. 현재는 희귀한 곳이나 사람들이 문화적 흥미를 느끼는 장소로 여행객들을 안내하는 일을 하고 있다.

꿈의 일부만을 실행했을 때는 일이 벽에 부딪혔지만 스스로 꿈을 본질적으로 생각하고 실행한 나머지 결국 성공했다. 하지만 그가 차린 여행 회사의 아이디어는 펜션 경영의 체험에서 비롯되었으므로 그 체험도 전혀 쓸모없지는 않았다. 게다가 싫어하는 작업은 남에게 시키는 지혜까지 배웠으니 그녀에게는 유익한 경험이었던 셈이다.

재닛의 예에서도 알 수 있듯이 직업을 선택할 때 한 면만 보고 자신의 흥미와 일치하는지를 판단하는 행동은 지양해야 한다. 하고 싶은 일 중 하나에만 초점을 맞춰서 직업을 결정하면 자신과 맞지 않는 부분이 생길 수 있다. 자신의 모든 꿈을 잘 조합할 때 정말 하고 싶었던 본질적인 일과 가까워진다.

주위에 여고생 딸을 둔 친구가 하나 있다. 자기 딸이 동물을 좋아해서 수의사가 되고 싶어 한다는 것이었다. 하지만 수의사에게는 의학적인 지식과 함께 경영 수완이나 관리 능력도 요구된다. 단지 치료뿐 아니라 안락사를 시켜야 할 경우도 있다. 직접 만나보니 그 아이는 개와 고양이뿐 아니라 모든 동물을 좋아하고 있었다. 하지만 비즈니스에는 전혀 흥미가 없어 보였기 때문에 나는 다른 길이나 가능성을 생각해보는 것이 좋겠다고 조언했다. 그리고 그 아이에게 동물 이외에 어떤 것을 좋아하는지, 야외에서 활동하는 것을 좋아하는지, 누구와 함께 있는 것보다 혼자 있기를 좋아하는지 등 자신이 좋아하는 활동이나 환경에 대해 생각해본 후에 앞으로의 진로를 결정하는 것이 좋겠다고 말했다.

꿈의 본질을 찾아보자

그렇다면 '꿈의 본질'을 찾으면 어떤 경우에 유용할까. 주로 아래의 4가지 경우를 생각할 수 있다.

> **○ 꿈의 본질이 필요할 때**
>
> ① 꿈을 원하는 형태나 규모 그대로는 실현할 수 없다는 생각이 들 때
> ② 자기 안에 상반되는 또 다른 꿈이 있지만 그 어느 것도 포기하고 싶지 않을 때
> ③ 현재의 직업이 본질적으로 마음에 들긴 하지만 뭔가 부족하다고 느낄 때
> ④ 직업을 바꾸고 싶거나 새로운 일을 하고 싶지만 무슨 일을 해야 할지 잘 모를 때

①과 ②의 경우는 이미 무엇을 하고 싶은지 확실히 알고 있으므로 왜 좋은지, 어떤 점이 매력적인지를 구체적으로 분석한다. 그리고 달리 그러한 요소를 활용할 방법이 있는지도 검토해본다.

③의 경우는 자신이 어떤 작업과 상황을 좋아하고 싫어하는지 써본다. 그리고 싫어하는 요소를 줄일 수는 없는지 검토해본다. 이런 경우의 사람들은 가정과 개인 생활에서 자신의 독창성을 좀더 충분히 발휘해볼 필요가 있다. 하고 싶은 일을 생활 속에서 모두 실현해야만 진정 자신이 좋아하는 직업을 가질 수 있다. 생활의 균형이 깨지면 좋아하는 일에도 나쁜 영향을 미쳐 현재의 직업이 본질적으로 마음에 들지만 그 속에서 즐거움을 느끼지 못하는 고민이 생기게 된다.

하지만 ④에서처럼 자신이 무엇을 좋아하는지 모르는 경우에는, 지금까지 했던 일이나 활동 중에서 즐거웠던 작업을 모두 써보고 꿈의 본질을 찾아내야 한다. 과거의 직업뿐 아니라 집안일이나 아르바이트, 방과 후 활동이나 과외활동, 봉사 활동 등 즐거웠던 일들을 모두 생각해보자. 이때 중요한 것은 구체적인 직종이 아니라 가능하면 본질적으로 생각해야 한다는 점이다. 다음의 항목을 참고하자.

다른 사람과 이야기한다. 인터뷰를 한다. 쓴다. 자신의 생각을 전달한다. 가르친다. 남 앞에서 말한다. 코치한다. 제자를 육성한다. 다른 사람 앞에서 해 보인다. 발명한다. 손으로 만든다. 아이디어를 교환한다. 복잡한 사물을 정리하고 체계화한다. 계획하고 디자인한다. 그림을 그린다. 논다. 중개한다. 상담해준다. 문제를 해결한다. 아이를 돌본다. 작전을 짠다. 다른 이를 편하게 한다. 직관으로 행동한다. 타인에게 영향을 미친다. 격론을 벌인다. 협상한다. 분쟁을 해결한다. 남을 도와준다. 안전을 지킨다. 결정한 바를 실행한다. 조사한다. 사람을 지도한다. 팀을 결성한다. 이미지로 그린다. 실현한다. 감독한다. 균형을 유지한다. 많은 일을 척척 해낸다. 조화를 꾀한다. 계몽한다. 환경을 보호한다. 야외에서 캠핑한다. 동물을 돌본다.

이런 꿈의 본질들이 한데 어우러져 당신에게 이상적인 일, 즉 천직이 된다. 물론 지금 당장 그런 직업을 갖기에는 기술이나 경험이 부족할지 모른다. 그래도 자신이 무엇을 하고 싶은지 알았다는 것만으로도 큰 수확이다. 14장에서 소개한 '작은 한 걸음'의 정신을 상기하고 이상적인 직업을 향해 한 발 한 발 나아가자. 그리고 15장에서 설명한 것처럼 '방향을 정하는 것'도 중요하다. 가고 싶은 방향이 정해졌다면 조금씩 꿈을 향해 전진하자. 그 길을 걷다 보면 곧 재미있는 현상이 일어난다. 당신의 주위에는 꿈을 방해하는 사람 대신 꿈을 이룰 수 있도록 도와주는 친구들만 남는다. 유유상종이라는 옛말도 있지 않은가.

현재 당신이 어떤 상황에 있더라도 해야 할 일은 하나다. 꿈을 실현할 수 있도록 꿈의 본질을 가능한 한 많이 생활에 끌어들이는 것이다. 그러면 자신이 어떤 인생을 살고 싶은지 그 모습이 점점 선명해지면서 새로운 아이디어가 꼬리를 잇게 될 것이다. 그것이 당신의 꿈을 이끌어주고 당신을 이상적인 직업으로 안내해줄 것이다.

23
플러스 인자와
마이너스 인자

시간과 에너지의 투자수익률

소스 프로그램은 당신이 자신의 인생을 원하는 방향으로 조정할 수 있게끔 작전을 짜고 청사진을 제시해준다. 인생을 한 단계 도약시키기 위해서는 어떤 활동이나 인물이 자신의 앞길에 득이 될지 해가 될지 구분할 수 있어야 한다. 자신이 쓴 시간이나 에너지(체력과 기력)가 어떤 보상으로 돌아올지 검토한다는 의미에서 투자수익률을 계산하는 것이 중요하다. 시간과 에너지만이 우리가 가진 전부이기 때문이다.

우리는 이런 소중한 시간과 에너지를 마이너스 활동이나 인물에게 너무 쉽게 써버린다. 여기에서 마이너스 활동이나 인물은 당신의 체력이나 기력을 빼앗는 무엇인가를 말한다. 그런 활동을 하거나 그런 사람을 만나면 도리어 전보다 육체적으로나 정신적으로 피곤해지므로 이것을 마이너스 인자라고 말한다. 또 당신에게 별 영향을 주지는 않지만 시간과 에너지만 낭비하게 하는 활동과 인물도 존재한다. 물속을 걷는 것처럼 아무리 열심히 움직여도 앞으로 나아가지 못한다. 이런 종류의 활동과 인물은 플러스나 마이너스 그 어느 쪽도 아니라는 의미에서 제로 인자라고 부른다. 그리고 육체적·정신적으로 모두 좋은 자극이 되어 당신에게 생기와 활력을 불어넣어 주는 활동과 인물은 플러스 인자라고 칭한다.

소스는 당신이 갖고 있는 플러스 인자들을 활용하여 인생을 바꾸는 프로그램이다. 현재의 생활을 되돌아보고 가능한 한 많은 플러스 인자를 끌어들이자. 그리고 마이너스 인자와 그 어느 쪽도 아닌 제로 인자는 될 수 있는 대로 제거하자. 플러스도 마이너스도 아닌 제로 인자의 활동과 인물에 대해서는 좋고 싫다는 감정이 들지 않는다. 그러므로 당신의 인생을 긍정적으로 바꿀 힘도 없다. 방해가 되지는 않지만 당신의 시간과 에너지가 헛되이 날아간다.

인생에서 마이너스 인자나 제로 인자를 제거하면 당신은 있는 그대로의 자신을 받아들일 수 있다. 그리고 목적의식과 의욕이 샘솟아 더욱 윤택하고 즐겁게 살 수 있다. 말 그대로 당신의 인생에는 플러스 인자만 남는 셈이다. 걱정이나 고민이 사라지고 집중력과 창조력이 높아진다. 몸과 마음이 건강을 회복하고 그 결과, 언제나 힘과 생기가 넘치는 생활을 할 수 있게 된다. 생명력이 더 강한 생명력을 낳고 기력은 새로운 기력을 낳아 하루하루가 거뜬할 것이다.

플러스 인자들은 당신 안에서 당신의 가능성을 최대한 이끌어냄으로써 삶을 새롭게 꾸려가거나 이상적인 직업을 얻을 수 있게 도와준다. 플러스 활동을 하거나 플러스 인물과 만나면 전에 없던 자신감이 생겨 충만한 기분을 맛볼 수 있다.

일상생활에서 누구와 만나고 어딘가로 외출하며 무엇인가를 하려 할 때는 반드시 다음 질문을 자신에게 던져보자.

> ⦿ **시간과 에너지의 투자수익률 판단하기**
>
> • 그만큼의 시간과 에너지를 소모한 뒤, 내 몸과 마음은 전보다 나아질 수 있는가?
> • 시간과 에너지의 투자수익률은 플러스인가 마이너스인가? 아니면 제로인가?

이런 질문을 통해 그 활동이 당신에게 득이 될지 해가 될지 아니면 아무런 영향도 주지 않을지 판단해야 한다. 하루 24시간을 어떻게 사용하며 정말 하고 싶은 일을 하고 있는지 언제나 주의 깊게 살펴보자.

마이너스 인자를 플러스 인자로 오인하는 경우

마이너스 인자는 자신에게 좋은 자극이 되는 것처럼 보이는 경우가 많다. 이런 때는 반드시 마음속에서 '이것은 진정 나를 위한 일이 아니다'라는 목소리가 들려온다. 예를 들어 어떤 영업소의 소장을 맡지 않겠느냐는 제의를 받았다고 하자. 표면적으로 보면 지금보다 수입도 늘어나고 시간적으로도 여유가 많이 생긴다. 지위가 높아지고 환경도 바뀌니 더할 나위 없이 좋은 기회처럼 보인다. 하지만 마음속에서 '영업 일은 싫어서 오래전부터 그만두려고 했는데 이걸 어쩌나'하는 목소리가 들린다. 그렇다면 이 일은 자신에게 마이너스 인자임을 깨닫고 제의를 거절해야 한다.

또 마이너스 인자가 배우자 외에 다른 이성을 만나고 싶다는 유혹의 형태로 나타나는 경우도 있다. 하지만 자신의 마음속을 들여다 보면 젊음을 잃고 있다는 중년의 위기의식이 그런 충동으로 나타난다는 사실을 알 수 있다. 이렇게 이해한 뒤에는 유혹을 뿌리치기도 쉬워진다.

산크란트에게는 초조한 일이 있을 때마다 컴퓨터 앞에 앉아 몇 시간이고 게임에 몰두하는 습관이 있었다. 컴퓨터 게임이 자신의 취미이자 즐거운 활동이라고 여겼지만 오랫동안 게임을 한 후에는 지쳐서 아무것도 할 수가 없었다. 얼마 후 이 친구는 컴퓨터 게임이 본래 자신이 좋아하는 활동이 아니라 단순히 기분 전환을 위한 놀이에 지나지 않는다는 사실을 깨달았다. 오히려 그에게 컴퓨터 게임은 마이너스 인자였던 것이다. 이전부터 걷기를 좋아했던 그는 게임을 하는 대신 빠른 걸음으로 산책을 하기로 했다. 산책을 하고 나면 기분이 상쾌해지고 새로운 힘도 솟았다. 그는 자신을 활기차게 해주는 산책이야말로 진정 자신이 좋아하는 것임을 깨닫고 과감히 게임을 포기했다.

어떤 유혹이 다가와도 인생의 방향성이나 자신의 존재 의의에 비추어 생각하는 습관을 들이면 그것이 자신이 원하는 삶의 방식인지 아닌지를 금방 판단할 수 있다. 자기 자신만큼 당신을 잘 아는 이는 세상 어디에도 없다. 언제나 내면에 귀를 기울이면 장기적인 관점에서 자신의 인생을 선택할 수 있다.

소스 프로그램에서는 이 단계를 '식별하는 힘이 생긴 단계'라고 말한다. 식별하는 힘이란 사물의 본질을 꿰뚫어 보는 능력을 말한다. 소스를 공부하다 보면 사물을 식별하는 힘이 생긴다. 그리고 그 힘은 당신이 소스에 맞지 않는 활동이나 인물에게 더 이상 시간과 에너지를 소모하지 않도록 도와준다. 자신의 꿈을 소중히 여길 줄 알면 꿈을 이루기 위해 더 많은 시간과 주의를 기울이게 된다. 아버지가 내게 이런 말씀을 해주셨다.

"어떤 사물이나 사람이 네게 맞는지를 판단하려면 그것이 현재의 너를 더 나은 사람으로 만들어줄 수 있는지 생각해봐야 한다."

이것이 바로 플러스 인자의 정의다. 겉보기에 화려한 것을 좇지 말고 힘을 주거나 자신을 돌아볼 수 있게 도와주는 것을 따라가라는 뜻이다. 당신의 생활이 균형을 이루지 못할수록 마이너스 인자가 파고들 여지는 많아진다. 결국, 자신이 걸어야 할 길에서 벗어나 마이너스 인자라는 샛길에 빠져 허송세월을 하게 된다.

플러스 인자를 마이너스 인자로 오인하는 경우

플러스 인자를 마이너스 인자로 잘못 보는 경우도 많으니 항상 주의해야 한다. 다음은 시애틀 시 부근 배션 섬에서 철물점을 운영하는 주인 이야기다. 그 가게는 천장과 바닥까지 물건들로 가득 차 있어 발도 제대로 딛지 못할 정도였다. 진열대에 있는 물건들은 손가락 하나 들어가기 어려울 정도로 꽉 들어차 있었고 통로에도 물건이 놓여 있어 그곳을 지날 때면 언제나 건너뛰기를 해야만 했다. 주인에게 묻지 않고서 혼자 물건을 찾기란 하늘의 별 따기였다. 예전에는 소방서에서 주의를 줬지만 이제는 그나마도 나 몰라라 하는 형편이었다. 나는 그 주인에게 물었다.

"이 가게에는 왜 이렇게 물건이 많아요? 다 둘 데도 없잖아요? 물건 찾다가 시간 다 가겠어요."

그러나 주인의 대답은 이랬다.

"여기 있는 물건은 모두 제가 엄청 좋아하는 것들이에요. 이 물건들에 둘러싸여 있으면 세상을 다 가진 사람처럼 행복해져요. 돈 좀 못 벌면 어때요. 내가 좋으면 그만이지. 전 공구 같은 게 좋아요. 난잡해 보일지 몰라도 저한테 이곳은 천국이지요."

나는 어느 날 시애틀 시내에서 열리는 회의 시간에 늦은 적이 있다. 그 회의는 내가 기획한 프로젝트의 후원을 부탁하기 위해 시애틀 정재계의 인사들을 초빙한 자리였다. 그런데 당사자인 내가 지각을 한 것이다. 길도 막힌 데다 주차할 자리를 찾는 데 시간을 많이 허비했다. 무거운 서류 가방을 들고 걸음을 재촉하며 틈만 나면 손목시계를 들여다보았다. 내가 도착하기만을 기다릴 거물급 인사들의 얼굴을 떠올리며 안절부절못했다.

그때 문득 내 눈길이 백화점 쇼윈도에 가서 멈췄다. 해마다 크리스마스 시즌이 되면 그 백화점은 전기기관차 모형을 장식했다. 모형 안에는 다리와 역, 산, 강까지 만들어져 있어서 마치 쇼윈도 안에 작은 시골 마을을 옮겨다 놓은 것 같았다. '쇼윈도 바깥에 있는 스위치를 작동하면 전기기관차가 선로 위를 달리는 모습을 볼 수 있을 텐데….' 기차를 좋아하는 내게 그것은 참기 힘든 유혹이었다. 나는 '안 돼, 안 돼. 이런 데 기웃거릴 시간 없어'하며 나를 타일렀다. 하지만 내 발길은 떨어질 줄 몰랐다. 이런 멋진 모형을 그냥 지나칠 수는 없는 노릇이었다. 어떻게든 기관차가 선로 위를 달리는 모습이 보고 싶었다. 일생일대의 회의에 이미 늦었건만 아랑곳하지 않았다. 내 심장이 걷잡을 수 없이 방망이질치기 시작했다.

당연히 회의에는 늦었다. 회의장에 도착하자마자 참석자들에게 머리 숙여 사죄하고 발표를 시작했다. 시애틀 시의 내로라하는 인사들에게 거액을 투자해달라고 연설하는 내 눈에는 쇼윈도 안의 시골 마을을 달리는 전기기관차가 떠올랐다. 회의를 하는 내내 나는 행복했다. 단 몇 분이었지만 모형 기관차와 즐거운 시간을 가졌기 때문이다. 그 덕분에 나는 느긋하게 긍정적인 태도를 유지하며 정열적으로 연설할 수 있었다.

회의만 걱정하며 그냥 지나쳤다면 긴장한 나머지 실수를 저질렀을지도 모른다. 이 경우 언뜻 마이너스 인자로 보였던 기관차 모형은 사실 플러스 인자였다. 내가 차분하게 회의에 임할 수 있게 도와주었기 때문이다. 마음이 시키는 대로 움직였기 때문에 있는 그대로의 자연스런 나를 발휘할 수 있었다.

6 소스의
수레바퀴

24
당신의 존재 의의

'당신의 존재 의의'는 당신 인생의 표지판

세상에는 정치 단체, 종교 단체, 자선사업 단체, 경제 단체, 스포츠 팀 등 다양한 조직들이 존재한다. 각기 생김새는 달라도 모든 단체들은 그들의 존재 이유를 잘 알고 있다. 회사의 설립 취지를 담은 글에서 보듯 자신들의 조직이 무엇을 위해 태어났는지 정확하게 알고 있다. 제 기능을 다하고 있는 조직에는 반드시 설립 목적이 있다.

그런데 우리들은 어떤가? 거의 모든 사람들이 살면서 한 번도 "당신은 왜 태어났습니까?" 라는 질문을 받은 적이 없을 것이다. 당신은 인생에서 무엇을 하고 싶은가? 조직에는 설립 취지가 분명히 존재하는데 개인에게는 왜 탄생 목적이 없는 것인가?

사람에게 있어 가장 중요한 사업은 '자신의 인생'이다. 인생에서 목적이 없으면 방향성을 잃게 된다. 방향도 초점도 없는 인생을 살다 보면 자연히 슬럼프에 빠져 반항심에 불타거나 중년의 위기를 맞게 되고 점점 절망적인 감정에 사로잡혀 우울증에 시달리다가 심한 경우 자살로 이어지기도 한다.

이 장에서 소개할 '당신의 존재 의의'는 다음 장에서 소개될 '소스의 수레바퀴'와 함께 소스 프로그램에서 가장 중요한 부분이다. 당신의 존재 의의는 당신이 지닌 사고방식과 가치관의 뿌리를 보여주고, 사는 이유와 목적을 표명하는 것이다.

당신의 존재 의의란 당신의 독특한 개성, 즉 '당신다움'을 문장으로 표현한 것으로 당신의 활력과 꿈, 재능을 표현하고 있다. 우리의 잠재의식에는 '높은 자아'라고 불리는 고차원의 영역이 있는데, 당신의 존재 의의에는 그 높은 자아를 향해 결심을 표명하는 내용이 담겨 있다. 자신의 존재 의의가 확고한 사람은 그것에 의지해 인생이라는 항해를 할 수 있다. 이런 표지판이 없을 때 인생은 키를 잃어버린 배처럼 목표 없이 대해를 떠돌지만 자신의 존재 의의가 있고 굳은 결의만 있다면 인생의 항로를 이탈할 걱정은 하지 않아도 된다. 자신의 존재 의의는 자기다움을 표현하는 짧은 성명문이다. 이 성명문은 어떻게 살아갈 것인가가 아닌 왜 사는가, 어느 쪽으로 가고 싶은가를 선언한다. 자신의 존재 의의는 자신의 신념에서 태어난다.

이것을 명확하게 알면 자신이 왜 이 세상에서 살고 있는지를 이해할 수 있는 실마리를 찾을 수 있다. 존재 의의란 바로 자신의 꿈을 실현하는 것이다. 내가 과연 해낼 수 있을까 따위의 걱정은 필요없다.

소스 프로그램의 진정한 의의는 당신이 목적을 가지고 인생을 걷도록 도와준다는 데 있다. 확고한 목적이 있으면 운명에 휩쓸려 흔들리는 일 따위는 없다. 또 확고한 결의를 가지고 인생을 걸을 수 있게 된다. 반면 당신의 존재 의의를 알지 못하면 기쁘고 충실한 인생을 얻기가 그만큼 힘들어진다. 단지 오래 산다고 해서 좋은 것은 아니다. 기쁨과 희망, 방향성이 없는 인생은 껍데기나 다름없다. 기쁨과 목적이 있어야 비로소 행복한 인생이라고 부를 수 있다.

소스는 열정적으로 살기 위한 이정표다. 열정을 갖고 인생을 즐기길 원한다면 강렬한 생각을 말로 표현하는 것이 중요하다. 당신의 존재 의의, 그것은 당신이 왜 살아야 하는지, 당신이 인생에서 다른 사람에게 무엇을 줄 수 있는지를 밝히는 성명문이다. 단 한마디라도, 하나의 문장이라도, 여러 장에 달하는 긴 글이라도 상관없다. 형식도 필요 없다. 일단 표현해라.

성명문을 작성하자

11장 "꿈의 리스트를 적어보라"에서 작성한 '꿈의 리스트'를 한 번

보자. 리스트는 분명 당신다움, 자신을 형성하는 소스로 넘쳐날 것
이다. 꿈의 리스트를 보고 그 내면에 공통적으로 흐르고 있는 한
줄기 광맥, 공통 테마로 삼을 만한 것을 찾아보자.

아래와 같이 꿈의 리스트에 있는 단어들을 키워드로 묶어간다.
22장 "꿈의 본질"에서 소개한 방법을 사용하여 꿈의 본질을 찾아
라. 이 작업에 의해 예를 들어, 100가지 꿈의 리스트가 20개 정도
의 키워드 군으로 재구성될 것이다. 키워드는 어쩌면 더 줄어들 수
도 있다. 다음의 순서대로 진행한다면 찾기가 훨씬 수월할 것이다.

○ 1단계

'꿈의 리스트'를 키워드로 묶어 더 본질적인 말로 표현
한다.
예 : 바다, 산, 초원 → 자연에 둘러싸이다

다음 단계는 꿈의 본질에 근접해 있는 키워드 군을 하나로 통합
해가는 과정이다. 사람에 따라서는 이 부분이 조금 어렵게 느껴질
수도 있다. 글을 쓰는 일에 별다른 거부감이 없는 사람이라면 여기
의 키워드를 사용해 문장을 만들어보자. 좀 더 쉽게 이해할 수 있
을 것이다. 서두르지 말고 차분히 키워드를 바라보는 자세가 필요
하다. 키워드 군에 공통적으로 흐르고 있는 더 높은 상위의 개념,
그것을 하나로 묶을 수 있는 단어가 떠오르는가? 그렇지 않으면,

키워드 군 가운데 지금까지 당신의 삶을 줄곧 지탱해주고 있거나 '나는 지금까지 이것만을 생각하며 살아왔다'라고 말할 수 있는 '오직 하나'를 찾아보자.

○ 2단계

본질에 좀 더 가깝게 표현된 키워드 군을 관찰한 다음 그 안에 공통적으로 흐르는 '상위의 개념'을 포착해서 한 단어로 압축한다.

이 성명문이 완성되면 다음 장에서 소개할 '소스의 수레바퀴' 중심에 적어놓자. 말로 표현하고 보이는 곳에 적어두면 선언에 신비한 힘이 더해진다. 당신의 존재 의의와 꿈이 눈앞에 펼쳐져 구체적으로 변하기 때문이며 그 자체가 시작을 알리는 작은 한 걸음이다. 눈앞에서 글로 존재하면 실현하고자 하는 결의도 차츰 강해진다. 이제 당신의 존재 의의가 엔진의 역할을 하며 인생을 바꾸어갈 것이다. 그 사이에 당신은 그토록 바라마지 않던 인생을 맞이할 수 있게 된다.

배를 다음 항구까지 운항하기 위해서는 선장이 목적지에 도달할 수 있도록 항로를 결정하고 그 항로에 따라 배를 움직여야 한다. 우리들도 인생의 선장으로서 자신만의 개성 있는 꿈을 발견하고 그것이 당신의 존재 의의와 어떤 관계가 있는지 살핀 뒤 그 의의에 따라 살아갈 필요가 있다. 당신의 존재 의의를 다 작성한 다음에는 일과 생활의 모든 면을 그 의의에 맞도록 조정하기만 하면 된다. 이로써 충실한 인생의 탄생을 볼 수 있다.

기본적으로 당신의 존재 의의는 단기간에 수도 없이 바뀌거나 고쳐 쓸 수 있는 것이 아니다. 그렇지만 한 번 쓰면 영원히 고칠 수 없다고 단정지을 수도 없다. 다음 장에서 만들 '소스의 수레바퀴'에 따라 '작은 한 걸음'을 되풀이하면서 방향이 어긋났다는 느낌이 들었을 때 고쳐 써도 좋다. 그것은 당신이 본질적인 것, 좀 더 상위의 개념에 눈을 뜨게 된 것일 수도 있기 때문이다.

25장 "소스의 수레바퀴"에 들어가기에 앞서 다음 질문에 대답해 보라. 이들 질문의 답이 '당신의 존재 의의'일 수도 있다.

- 당신의 인생에 대해 간단히 말한다면 어떤 테마의 이야기가 될까?
- 당신이 죽기 전, 마지막으로 남기고 싶은 한마디는?
- 당신이 죽은 뒤, 사람들에게 어떤 추억으로 기억되고 싶은가?
- 당신이 살아 있다는 증거는? 가족과 사회에 어떤 자취를 남기며 살고 있는가?
- 당신의 묘에 묘비를 세운다면 어떤 말을 새기고 싶은가?

- 당신이 정년퇴직할 때 주변사람들에게 듣고 싶은 말은?
- 당신의 인생에서 가장 자랑스럽다고 생각하는 일은?
- 당신에게 사회와 정치 문제에 대한 확고한 견해가 있는가? 그렇다면 가장 강력하게 지지하거나 반대하는 내용은?
- 당신 인생관의 중심은 무엇인가?
- 당신에게 있어서 가장 소중한 임무 내지 사명은 무엇이라고 생각하는가?
- 그러면 '당신의 존재 의의'는 무엇인가?

다음은 소스 프로그램의 참가자가 작성한 자신의 존재 의의다.

- 나를 표현한다. 이 세상의 아름다움과 인간의 아름다움을 사람들에게 알린다. 그림을 통해 웃음과 감동을 주며 마음의 평안을 안겨준다.
- 책, 연극, 영화 속에서 나온 구절과 말, 노래와 대사 등을 사용해 나를 표현한다.
- 도시에 아담한 거처를 마련한다. 영혼의 반려자를 만나 결혼한다. 한적한 시골 강가에서 산다.
- 새로운 분야를 개척하는, 선구자와 같은 여성이 되어 지역사회에 큰 공헌을 한다.
- 다양한 개념의 이해와 교류를 촉진하여 조화로운 사회 구현에 앞장선다. 평생 배움의 길을 간다.

25
소스의
수레바퀴

'소스의 수레바퀴'는 인생의 안내서이자 행동 지침서

여기에서 소개할 '소스의 수레바퀴'는 지금까지 이야기한 '당신의
존재 의의'와 함께 소스 프로그램에서 가장 중요한 부분이다. 당
신의 존재 의의가 자신이 지닌 사고방식과 가치관의 뿌리를 보여
주고 사는 이유와 목적을 표명하는 것이라면 소스의 수레바퀴는
앞으로 인생에서 꿈을 어떻게 실현하면서 살아갈 것인가 하는 구
체적인 안내서이자 행동 지침이다. 인생의 각 분야에서 무엇을 하
고 싶은가를 명확히 명시해놓은 것이기도 하다. 그리고 무엇보다
당신이 자신의 존재 의의에서 멀어지지 않도록 길잡이가 되어준
다.

소스 프로그램은 꿈과 균형을 동시에 실현하는 데 의의가 있다고 수차례 강조해왔다. 이 소스의 수레바퀴가 당신의 인생을 균형 잡히도록 만드는 역할을 해줄 것이다. 특히 남성의 경우, 사회적 성공은 이뤘지만 가정은 깨져버렸다거나 좋아하는 직업을 선택했음에도 경제적으로 어려운 처지에 있는 사람들을 많이 볼 수 있다. 야채, 고기, 생선을 골고루 균형 있게 섭취하지 않으면 건강을 유지할 수 없듯이 우리 인생도 어느 한 부분이 충족되지 못하면 결코 행복할 수 없다.

'소스의 수레바퀴'를 채워보자

수레바퀴를 머릿속에 그려보자. 그리고 수레바퀴의 중심축에는 24장 "당신의 존재 의의"로 명확해진 꿈의 원천을 적어 넣자. 예를 들어 당신의 존재 의의가 '사람들과의 교류에서 오는 기쁨'이라면 그것을 바퀴 중심에 적는다. 수레바퀴의 중심으로부터 열 개의 바퀴살이 방사선 모양으로 뻗어 나와 원을 열 칸으로 나눈다. 각 칸은 각자 인생에서 중요한 분야를 나타내고 있는데, 이 열 가지 분야가 빠짐없이 채워진다면 바르게 균형 잡힌 인생을 살고 있는 셈이 된다.

나는 이 분야를 나, 가족, 친구와 지인, 배움, 사회 활동 및 사회 공헌, 사교, 레저, 신체적 건강, 정신적 건강, 재정으로 정의했다. 이들 열 가지 분야는 내가 생각하는 '균형 있는 삶을 위한 인생의 영역'으로 여러분 모두가 반드시 앞에서 제시한 열 가지 분야를 그대로 좇아가야 하는 것은 아니다. 또 반드시 열 개를 채워야 하는 것도 아니다. 여덟 개라도 상관없다. 그리고 더욱 절실하게 와 닿는 것이 있다면 나름대로 새로운 분야를 설정해도 좋다. 단, 인생의 균형을 위해 기본적으로 필요한 몇 가지 분야는 꼭 남겨두자. '나'에 관한 것, 가족과 친구, 지인 등의 '인간관계' '사회 활동 및 사회 공헌' '정신적 건강' '신체적 건강' 그리고 '건전한 재정', 이 여섯 가지의 분야는 빠져서는 안 된다.

내가 위에서 열 가지 분야로 나눈 것은 수많은 사람들의 인생을 관찰한 결과다. 거기에는 일종의 통찰이 존재한다고 생각한다. 참고가 된다면 그중의 몇 가지만이라도 사용하길 바란다.

이 분야들에 11장에서 작성해 놓은 당신의 '꿈의 리스트'에 있는 항목들을 대입해보자. 예를 들어 바다라는 키워드가 있다면 그것은 '레저' 항목에 쓸 수 있고, '신체적 건강' 항목에 쓸 수도 있다. 친구와의 커뮤니케이션은 '친구와 지인' '사교'에 해당된다. 기타 연주는 '레저' '배움' '정신적 건강' 중 하나로 분류될 수 있다. 소설 쓰기는 '사회 활동 및 사회 공헌'이나 '나'로 분류될 수 있다. 밭 가꾸기는 '정신적 건강'과 '사회 활동 및 사회 공헌' 등으로 분류될 수 있다. 또한 하나의 키워드를 두 개 이상의 분야에 넣어도 상관없다. 꿈의 키워드를 어느 분야에 적어 넣는가 하는 문제는 결국 당신의 꿈을 어느 분야에서 발전시켜나갈 것인지를 선언하는 것과 마찬가지인 동시에 당신이 사는 법 그 자체가 된다.

또 꿈의 리스트 중에서 '사회 활동 및 사회 공헌'에 해당되는 것이 없다거나 리스트의 내용들을 분류하여 적다 보니 몇 가지 분야에 편중되어 하얀 여백으로 남는 분야들이 생길 수 있다. 오히려 열 가지 분야를 처음부터 모두 채울 수 있는 사람이 드물 것이다. 이 경우, 기본적으로 당신의 흥미와 적성이 그 분야를 등한시한 채 다른 한쪽으로 치우쳐 있음을 의미한다. 절대 안 된다고 한마디로 잘라 말할 수는 없지만 앞으로의 인생에서 그 빈칸을 메꿔나가는 데 주의를 기울일 필요는 있다. 하얀 여백으로 남겨진 분야에서 당신이 하고 싶은 일이 없는지 다시 한 번 생각해본다. 이런 성찰은 균형 잡힌 인생을 살아가는 데 도움을 줄 것이다.

비어 있는 칸들을 메꾸는 방법 중 하나는 어느 한 분야에 있는 자신의 꿈들을 다른 분야로 넓혀가는 것이다. 예를 들어 자연 속에서 살고 싶다는 꿈을 '나'와 '정신적 건강'의 분야뿐 아니라 '사회 활동 및 사회 공헌'과 '인간관계' 등으로 넓혀갈 수 있다. 그것은 자신이 좋아하는 일, 하고 싶은 일의 응용 범위를 확장시키는 것으로 결국 다양한 경험을 가능하게 해준다.

소스 프로그램의 수료자 중 대다수는 소스의 수레바퀴를 몇 장씩 그려서 화장실과 부엌 벽면에 붙여놓고 날마다 들여다보면서 생활화하고 있다. 미셸 스튜어드는 그렇게 함으로써 "자신에게 중요한 것이 무엇인지를 확인할 수 있으며 균형 있는 생활의 중요성을 되새길 수 있다"고 말한다.

다음으로 앞서 제시했던 열 개 분야에 대한 올바른 이해를 위해 참고가 될 수 있는 몇 가지 도움말을 적어보겠다.

● 배움

학교 및 다른 교육 기관에서 배우는 것만을 의미하지 않는다. 매뉴얼을 보면서 컴퓨터를 활용해보거나 조작해보는 행위도 여기에 해당되고 친구에게 수영을 배우는 것도 포함된다. 자신이 좋아하는 대상에 대해 계속해서 탐구하며 새로운 일에 도전하고 자기 성장을 위해 실천하는 행동도 '배움'에 해당된다.

● 사회 활동 및 사회 공헌

이 분야는 당신과 사회와의 접점, 관계를 말한다. 정치, 경제, 사회뿐 아니라 그 관계가 진행되면서 발생되는 사회 공헌까지 포함된다. 이렇게 말하면 아주 거창한 공적이 아닌 다음에야 어떻게 이곳에 뭔가를 적어 넣을 수 있을까 생각하는 사람도 있을 것이다. 그러나 한 개인과 사회와의 관계를 생각해보면 당신은 이미 다양한 활동을 하고 있다. 예를 들어 젊은이들이 가게에서 아르바이트를 하는 것, 주부가 아이를 보육원에 맡기는 것, 앞으로 써내려 갈 소설을 구상하고 있는 것 등이다. 이런 상황들 모두는 당신이라는 개인과 사회와의 접점이며 거기에는 해결해야 할 다양한 문제가 존재하고 있다.

자신의 꿈과 주변 사회와는 아무 관련 없다고 생각하는 사람도 있겠지만 과연 그럴까? 당신의 꿈에는 이곳을 좋은 사회로, 즐거운 사회로, 다른 사람에게 도움을 주는 친절한 사회로 바꿀 만큼의 힘이 잠재되어 있다. 나는 기본적으로는 당신이 꿈을 실천하기 시작할 때 지금보다 살기 좋은 사회로 나아갈 수 있다고 믿는다. 특히 '사회 공헌'은 꿈과 어떤 관계가 있는지 생각해보자. 전혀 관계가 없다고 생각하는 사람이 대부분일 수도 있다. 그러나 나는 어떤 의미에서는 모든 사람들이, 한 사람의 예외도 없이 모두가 사회에 공헌할 수 있다고 본다. 꿈을 실천함으로써 주변 사람들에게 도움을 줄 수 있는 경우는 얼마든지 있다. 자원봉사 활동이 그 대표적인 예이며 우리가 눈치채지 못하지만 또 다른 방법도 있다.

내 친구인 켈리 크론버그는 슈퍼마켓에 갈 때마다 우는 아기를 발견하면 다가가서 달래주곤 한다. 아이를 크게 야단치고 있는 부모가 있으면 "아이가 하는 말에 귀 기울여주세요. 그러지 않으면 아이에게 엄청난 스트레스가 된답니다" 등의 말을 걸어 자연스럽게 험악한 분위기를 해소해준다. 특유의 유머를 발휘해 주변 사람들의 마음을 편하게 해주는 것이 그의 특기이자 사회 공헌 방법인 셈이다.

사회 공헌은 마치 신체를 움직이는 운동과도 같아서 왜 진작 이렇게 살지 않았나 하고 후회하게 만든다. 꿈의 리스트 중 다른 사람을 즐겁게 해주는 것, 다른 사람을 위한 것들이 있다면 이곳에 적어라. 사회 경험이 적은 젊은 사람 가운데에는 '사회 활동 및 사회 공헌'에 대해 아무 생각도 해보지 못한 사람도 있을 것이다. 시무룩할 필요는 없다. 살다 보면 언젠가는 이런 분야와의 만남이 이루어질 날도 있을 테니까 말이다.

● 사교

영어로는 '소셜 라이프social life'인데 한국에서는 이런 개념이 그다지 익숙하지 않다. 예를 들자면 스터디 그룹이나 어떤 업종의 모임에 참가하는 것이 여기에 해당된다. 또 자신이 살고 있는 지역 사회의 모임에 참석하고 취미·동아리 모임 식구들과 함께 어울리는 것도 포함된다. 즉, 인간관계를 넘어서 같은 종류의 꿈을 안고 사는 사람들과 교류하는 것이다. 당신의 인생을 더욱 윤기 있게 만드는 분야다. 외향적이거나 호기심이 왕성한 사람은 이 분야의 수레바퀴가 빽빽이 채워져 있을 것이다. 반대의 성격을 가진 사람은 자신이 하고 있는 취미활동을 통해 여러 사람들과 자연스러운 만남을 가져보는 것이 좋겠다.

● 정신적 건강

'정신적 건강'에는 다양한 것들이 포함된다. 당신의 마음이 편안하고 따뜻해지는 것, 안정되는 것, 마음이 치유되는 것, 안심하는 것, 긴장이 풀리는 것, 스트레스가 풀리는 것 모두가 여기에 해당된다. 사람에 따라서는 친구와 대화하는 것이 또는 스포츠를 즐

기는 것이 '정신적 건강'에 해당될 수도 있다. 기본적으로 당신이
가진 꿈의 대상 모두를 '정신적 건강'에 넣어도 틀리지 않다.

● 재정
당신의 금전적인 부분이다. 이 분야는 꿈의 리스트를 이 분야와
자연스럽게 대입시킬 수 있는 사람과 적절한 항목이 없어서 빈칸
으로 남겨둔 사람으로 구분될 것이다. 빈칸으로 남겨둔 사람은 꿈
을 좇으면 돈이 따라온다는 원리에 대해 좀 더 생각의 박차를 가하
길 바란다.

다음은 어느 남성의 수레바퀴 예다.

● 나
자영업을 위한 준비를 한다. 내 시간을 갖기 위해 부하 직원들만
으로도 사무실이 무리 없이 돌아갈 수 있도록 업무를 처리한다. 창
조성이 넘치는 사람들을 적극적으로 사귀어 내 창조성을 높인다.
매달 새 양복을 한 벌씩 구입한다. 전용선을 깔아 인터넷으로 전자
메일을 주고받는다.

● 가족

소설을 출판하고 싶어 하는 어머니의 꿈을 이룰 수 있도록 도와드린다. 동생이 추구하는 음악 인생에 힘이 되어준다. 어릴 때 동생과 함께 모았던 장난감 수집품들을 정리한다. 운동할 수 있는 공간과 거실이 딸린 적당한 집을 통근권 안에서 구입한다. 돌아가신 할아버지의 땅에 할아버지가 좋아하셨던 주크박스 박물관을 조성한다.

● 인간관계

해외에 있는 친구에게 자주 편지를 쓴다. 모임에서 여행을 간다 (라스베가스 미드 호수에서 유람선 타기). 영화 제작에 흥미가 있는 친구와 함께 단편영화와 비디오를 제작한다. 모임을 연다.

● 배움

피아노를 배운다. 홈페이지를 혼자서 멋지게 만들어낼 수 있을 때까지 공부한다. 프랑스 어를 배운다. 폭넓은 세계를 알고 성장하기 위해 제3세계로 1년에 한 번씩 여행한다.

● 사회 활동 및 사회 공헌

재활용의 차원에서 벼룩시장에 참가한다. 공공장소에서 노인에게 자리를 양보한다. 사람들의 고민을 들어준다. 빈 병 등을 모아보증금을 환불받는다. 종이 사용을 자제하고 전자 매체로 용건을 처리한다. 환경을 생각해 현재의 지프를 친환경적인 자동차로 바꾼다.

● 사교

장래를 위해 다양한 관심사를 지닌 사람들과 사귄다. 취미인 인터넷을 이용해 메일 매거진을 창간한다. 영화에 흥미가 있는 사람들을 위해 미니 커뮤니케이션 잡지를 발행한다. 메일 매거진 발행자 동아리에 참석한다. 영화 팬 동아리에 참석한다.

● 레저

야근을 못하는 한이 있어도 농구 경기는 꼭 처음부터 관람한다. 바디보드 같은 수상 스포츠를 시작한다. 국내 유원지를 순례한다. 개봉되는 영화는 반드시 영화관에서 본다. 한 달에 한 번은 바다를 보러 간다.

● 신체적 건강

아마추어 야구 팀에 다시 나간다. 한 달에 한 번은 산행을 한다. 접영으로 멋지게 헤엄칠 수 있을 때까지 연습한다. 매일 마사지를 받는다. 일요일 아침에는 강바람을 맞으며 오랜 시간 사이클을 즐긴다.

● 정신적 건강

하루에 한 번은 전화, TV, 라디오 등을 꺼놓고 조용한 시간을 갖는다. 전원생활을 위한 아이디어를 하루에 한 가지씩 적어본다. 내면의 목소리에 귀를 기울인다.

● 재정

주식을 시작한다. 오를 것 같은 주식을 산다. 인터넷 관련 유망주를 손에 넣는다. 본업 이외에도 취미인 인터넷을 살려 아르바이트를 시작한다. 미래를 생각해 본업과 아르바이트에 반반의 비중을 둔다.

아마 여러분은 10가지 분야에서 일과 직업이 빠져 있다는 사실을 눈치챘을 것이다. 그 둘은 소스의 수레바퀴에서 일부러 제외했다. 일을 하나의 분야로 분류해놓으면 대개의 사람들이 에너지의 90퍼센트를 일에 쏟아붓고 다른 분야는 등한시하기 때문이다. 특히 남성들에게 이런 경향이 두드러진다. 우리 사회의 풍토도 마찬가지다. 일을 너무 우선시한 나머지 생활의 균형이 깨지고 가정이 파괴되어 심신의 건강을 해치고 있지는 않은가? 그 정도로 심각하지는 않더라도 인생이 왠지 무미건조하다고 느끼고 있는 사람도 많을 것이다.

직업은 당신의 생활 방식과 무관하게 존재할 수 없다. 사람은 직업으로 사는 것이 아니라 자신이 태어난 목적, 즉 존재 의의에 준

하는 그 사람 본연의 생활 방식으로 살아가야 한다. 소스의 수레바퀴에 적힌 것들을 모두 실천하고 생활화하다 보면 그것이 저절로 생계의 길을 열어주고 가장 이상적인 직업으로 당신을 안내할 것이다. 이것이 바로 그 사람의 천직이다. 이렇게 되면 무슨 일을 하든지 의욕에 넘치고 필요한 수단과 정보, 사람 등이 저절로 당신에게 모여든다. 그것이 소스로 낳는 기적의 힘이다.

'소스의 수레바퀴'는 상승효과를 낳는다

인생을 설계할 때 어느 한 부분도 소외되지 않도록 소스의 수레바퀴가 도와줄 것이다. 열 가지 분야를 비롯하여 당신이 만든 모든 항목은 어느 것을 막론하고 중요하다. 그러므로 매일같이 일상 속에서 비슷한 크기의 정열을 가지고 실천하길 당부한다. 되도록 한쪽에 치우치거나 등한시하는 일이 없도록 골고루 그리고 동시에 실천하는 것이 균형 잡힌 행복한 인생을 위한 기초다.

소스의 수레바퀴의 각 분야를 모두 실행하기 위해 일부러 시간 관리법을 공부할 필요는 없다. 시간을 안배할 필요도 없다. 소스의 중심에 있는 당신의 존재 의의가 전체를 조화롭고 균형 있게 붙잡아 줄 것이다. 중요한 것은 소비하는 시간의 양이 아니라 질이라는 점을 명심하라.

이제 당신은 자신이 하고 싶은 일만 하면서 살 수 있게 된다. 수레바퀴에 적힌 모든 것을 실천해나가다 보면 내키지 않는 일에 소비할 시간 따위는 없어지고 자기 본연의 목적과 동떨어진 행동을 하면서 시간을 허비하는 일도 그만두게 된다. 당신 그대로의 모습에 어울리는 행동이 상승효과를 가져오면서 인생은 더욱 즐거워진다. 이런 사고방식은 잔디에 충분한 비료를 주어 건강하게 자랄 수 있도록 철저히 관리하면 잡초가 자랄 틈이 없어 결국 고사해버리는 것과 같은 이치다. 비료를 얻지 못한 잡초는 살지 못한다. 당신의 생활에 자라는 잡초도 당신에게서 에너지를 얻지 못하면 말라죽어버릴 것이다. 소스 프로그램의 수료생인 앤 마리도 소스의 수레바퀴를 충실히 실천한 결과, 의례적으로 어쩔 수 없이 만나던 사람들과는 점점 멀어지고 자신과 같은 종류의 꿈을 간직한 사람들과 어울리게 되면서 생활의 기쁨을 되찾았다.

여러분 중에는 열 가지 분야 모두를 같은 비중으로 실천하면 어느 것 하나 좋은 성과를 낼 수 없을지 모른다며 걱정하는 사람도 있을 것이다. 한 분야에만 집중함으로써 얻을 수 있는 성과를 미리 포기해버리고 평범한 인간이 되어버리는 건 아닐까 하는 의구심도 들 것이다. 또 대단한 끈기의 소유자가 아니면 열 가지 분야 모두에서 성공할 수 없다고 단정해버리는 사람도 있을 것이다. 그에 대한 해답은 당신의 존재 의의를 실현하고자 하는 당신의 '의지'에 달려 있다. 당신의 존재 의의는 기본적인 신념을 나타내는 것으로 당신이 세상에 살고 있는 존재 이유다. 그리고 소스의 수레바퀴는 개인이 당신의 존재 의의에서 멀어지는 것을 막고 꿈을 실현할 수 있도록 도와주는 구체적인 행동 지침이다. 그 중요성을 절감하고 반드시 실천하겠다고 마음먹는다면 머지않아 당신은 인생에서 가장 소중한 것을 얻을 수 있을 것이다. 우연처럼 다가오는 기적의 힘과 함께.

내 개인적인 경험이 다음의 말들을 증명한다.

- 하고 싶은 일이 있을 때 그에 필요한 시간은 반드시 주어진다.
- 가장 책임 있는 삶의 방식은 자신의 흥미나 관심, 호기심을 좇아 살아가는 것이다. 그런 사람에게는 언제나 활력과 생산적인 에너지가 넘쳐나 사회에 더 많은 공헌을 할 수 있다.
- 자신의 꿈과 내면의 목소리를 계속해서 무시하면 일상이 재미없고 허무하다는 느낌을 받게 된다. 이것은 생활 전반에 좋지 않은 영향을 미친다.
- 모든 꿈들을 동시에 실행할 때 같은 양의 돈과 시간을 들일 필요는 전혀 없다. 단, 같은 양의 열정과 관심을 쏟아부어야 한다.
- 모든 꿈들을 실행에 옮기는 동안에는 긍정적인 사고가 그 사람을 지배하기 때문에 상사와 동료들에게 좋은 자극을 줄 수 있다. 나아가 조직에 없어서는 안 될 중요한 존재가 된다.

진정으로 일에 몰두하고 있는 자신을 상상할 수 있는가? 1년 365일 꿈꾸듯이 하루하루를 살고 있는 자신을. 그것이 가능하다면 당신은 활력에 넘치고 명랑하고 푸근하고 즐거운 사람이 될 것이다. 동료들에게 당신의 매력이 파도처럼 전달되어 주위는 언제나 많은 사람들로 북적이게 된다. 소스의 수레바퀴가 모두 실현되는 모습을 상상해보자. 시너지 효과(상승효과)가 생겨나 수레바퀴가 빙글빙글 돌아가기 시작하고 각 분야가 제각각 꽃을 피운다. 여태껏 상상조차 하지 못했던 일들이 우연히 잇달아 계속되면서 당신의 인생은 크게 번창할 것이다.

소스의 수레바퀴를 한 번 작성해놓으면 영원히 바꿀 수 없는 것은 아니다. 6개월에 한 번쯤은 수정하고 필요하다면 몇 번이라도 고쳐보자. 이전에 써놓았던 것은 이미 모두 실천했을 수도 있다. 또 다음 단계가 필요할 수도 있다. 실천하다 보니 생각지도 못했던 새로운 꿈이 탄생했을지도 모르기 때문이다. 처음부터 열 가지 항목 모두를 빠짐없이 채우려고 욕심내기보다는 자신 있는 항목부터 실행해나가자. 열 가지가 무리라면 여덟 가지 또는 여섯 가지부터 시작해도 상관없다.

특히, '사회 활동 및 사회 공헌' 분야는 빈칸으로 남는 경우가 있을 것이다. 진정한 삶의 보람은 다른 사람을 위해 살아갈 때 느낄 수 있다. 소스라는 프로그램에는 내가 생각하는 '인생'이 짙게 반영되어 있다. '사람이 하고 싶은 일을 하면서 살 수 있을 때 비로소 다른 사람과 사회를 돌아볼 여유를 갖게 된다'는 생각이 그것이다. 빈칸으로 남아 있는 경우라도 각각의 항목에 대해 생각해보는 일만큼은 잊지 말길 바란다. 무리하지 말고 조금씩 진행해나가도록 한다.

26
소스를 살린다

소스, 즉 진정한 의미에서의 '개성'을 갖고 살다 보면 인생의 활력을 실감할 수 있게 된다. 여타의 책이나 세미나 등에서 얻게 되는 힘은 외부에서 부여한 것으로 유효기간이 지나면 금세 사그라지지만 이것은 당신 안에서 저절로 솟아났기 때문에 결코 쇠하는 법이 없다.

원래는 자영업을 하며 혼자서 일하는 것이 소스인 사람이 월급쟁이 생활을 그만두고 독립한 경우를 예로 들어보자. 월급쟁이로 있을 때와 같은 종류의 일을 해도, 또 아침에는 더 일찍 일어나서 더 힘든 일을 해도 그는 전혀 지칠 줄을 모르고 날마다 활력에 넘쳐 생활할 것이다. 인간은 좋아하는 일을 하게 되면 이처럼 힘든 것도 느끼지 못한다. 어려운 환경이라 할지라도 결코 지치는 법이 없다. '소스 안의 삶'이란 본연의 당신을 되찾는 것이고 당신의 원천으로 거슬러 올라가는 것이다. 잠시 잊고 있었던 당신의 일부들을 하나 하나 기억해내어 모두를 음미하는 것이다. 이는 어떤 의미에서 '당신의 영혼이 기뻐하는 삶의 방식'이라고 말할 수 있다. 그러면 자신의 소스를 살리면 어떤 변화가 생기는지 알아보자.

- 내가 무엇을 하고 싶은지 잘 알고 있으므로 주변 사람들의 말에 흔들리지 않는다.
- 이 세상에 태어난 목적이 분명하므로 어떤 고난이 닥쳐와도 넓은 관점에서 문제를 받아들일 수 있고 기죽지 않는다. 언제나 마음의 평온이 있다.
- 인생에서 가고자 하는 방향을 확실히 알고 있기 때문에 나만의 독특한 생활 방식을 가질 수 있다.
- 내게 꼭 맞는 일과 반려자를 얻어 하루 하루가 즐겁고 알차다.
- 내 생활 방식대로 살아가기 때문에 지치거나 불안해하지 않는다.
- 나를 응원하고 지지해주는 사람들이 저절로 모여들기 때문에 일상이 즐겁다.

자신의 소스를 살리면 아침에 활기차게 눈이 떠지고 일을 일이라고 느낄 수 없을 정도로 즐기게 된다. 하루가 눈깜짝할 사이에 지나가므로 밤이면 만족감에 젖어 잠자리에 들 수 있다. 있는 그대로의 자신을 사랑해주는 파트너를 얻고 진심으로 남을 도우며 살수 있다. 자신이 살아가는 이유를 잘 알고 있기에 인생에 무슨 일이 닥쳐도 흔들리지 않고 의연하게 살아갈 수 있다.

우리 마음은 참으로 신기하다. 노력한다고 무엇이 좋아지는 것도 아니고 일부러 뭔가를 싫어할 수도 없다. 오토바이를 좋아하는 청년에게 오토바이 대신 사이클을 좋아하라고 강요하는 것은 무리다. 이 청년에게서 오토바이를 강제로 빼앗아버리면 그 사람다움의 일부가 없어져 생기를 잃어버린다. 하고 싶은 마음을 억누르고 사는 삶에는 무리가 따르며 언제 어디서든 폭발하고 만다. 또 남에게 보이기 위해 가식적으로 사는 이들은 진정한 기쁨을 맛볼 수 없다.

꿈을 좇고 싶다는 욕구가 결코 사치품일 수는 없다. 오히려 우리에게 꼭 필요한 필수요건이며 생명을 활성화하는 원동력이다. 당신과 똑같은 꿈을 지니고 있는 사람은 당신 말고 아무도 없다. 꿈은 당신의 '개성 있는 지문'이다. 스스로의 개성을 살릴 수 있는 소스야말로 가장 자연스럽고 책임 있는 생활 방식이라고 말할 수 있다.

자신의 꿈들을 무시하고 세상과 주위 사람들의 기대에 부응하기 위해 살다 보면 거짓된 모습에 어울리는 일과 사람들만 끌어들이는 결과를 초래한다. 주변 환경은 리트머스 시험지처럼 당신의 현재 상태를 눈으로 보여준다. 주위를 한번 둘러보라. 혹시라도 일과 인간관계, 환경에서 알 수 없는 답답함이 느껴진다면 자신의 소스를 100퍼센트 살리지 못하고 있다는 증거다.

주변의 부담을 털어버리고 자신의 꿈을 좇는 사람의 경우, 때에 따라서는 옛 친구와 지인 등을 잃을 수도 있지만 걱정하지 않아도 된다. 그것은 새로운 생활 방식에 어울리는 친구가 곧 나타날 것이란 조짐이다. 당신의 생활에서 플러스 인자의 활동과 인물이 늘어나고 마이너스 인자와 제로 인자가 줄어들고 있다는 뜻이다. 소스를 살리게 되면서 이혼하거나 직업을 바꾸게 될 수도 있다. 또는 사업을 시작하거나 연인과 헤어지는 일 등을 겪게 될지도 모른다. 그러나 당신이 소스를 놓치지 않고 살아가는 한 그 아픔은 다음에 올, 더 큰 기쁨이 보상해줄 것이다. 그렇다고 해서 지금 당장 당신에게 현재의 일과 파트너로부터 멀어지라는 뜻은 아니다.

마이너스 인자와 결별하라는 이야기에는 상당히 미묘한 구석이 포함되어 있다. 그것이 자신의 '이기심' 때문인지 소스에 더 가까이 다가가기 위한 노력인지 객관적으로 보고 판단하지 않으면 안 된다. 자칫하면 안이하게 당신의 주위 환경만을 바꾸는 결과만을 낳게 될 테니까. 소스 프로그램의 과정들을 잘 밟아내며 깊숙한 곳까지 확실히 들여다보길 바란다. 그러면 무엇이 당신의 진정한 소스이며 어떠한 생각들이 자신의 어디로부터 나왔는지 명확히 알 수 있다.

이렇게 자신의 소스를 살리다 보면 차츰 새로운 인물과 기회가 따라온다. 정신적인 자극과 풍요를 불러오고 주변 환경이 인생에 의미를 부여할 만한 활동과 인물들로 가득차게 된다. 이것은 신기하다고만 할 일이 전혀 아니다. 활력이 넘치는 사람 주변에 비슷한 이들이 모여드는 것은 당연한 이치다.

혹시 이상형이나 소망하는 직업과 만나고 싶더라도 그것들을 애타게 찾아 헤맬 필요가 전혀 없다. 앞뒤가 맞지 않는 소리처럼 들릴 수도 있지만 이것은 분명 인생의 묘한 진리 중 하나다.

소스를 실천하며 살다 보면 이상적인 배우자 그리고 당신에게 가장 어울리는 일과 자연스럽게 만날 수 있다. 실제로 이 길이 원하는 것을 얻을 수 있는 가장 확실하고 빠른 방법이다. 또 마음에 활력이 넘치면 그것이 몸으로 전해져 병세가 호전되고 건강이 좋아지는 경우도 있다. 혹시 들어본 적이 있는가? 암으로 1년이라는 시한부 인생을 선고받은 한 사람이 마지막으로 좋은 일을 하기로 마음먹고 병원을 나와 하고 싶은 일을 하며 살아가자 그 병이 모두 나았다는 이야기를. 담당 의사조차 기적이라고밖에 말 못하는 이런 사례들을 살펴보면 꿈을 좇아 산다는 것이 얼마나 큰 힘을 만들어내는지 실감할 수 있다.

소스를 실천하는 인생, 그 자체가 자기 발견을 위한 여행이다. 하나의 꿈을 실천하면 그것이 새로운 꿈으로 이어지고 점점 활동 영역이 넓어져 미지의 자신과 만나게 된다. 바로 꿈이 현실이 되는 순간이다. 그저 이대로 살아가도 좋을지 고민하는 일도 사라진다. 자신의 인생이 어디에 다다를까 걱정하는 일도 사라진다. 왜냐하면 진행하는 방향만이 중요하며 어디로 도달할지는 문제가 되지 않기 때문이다. '작은 한 걸음 한 걸음'이 당신을 전진시켜줄 것이다. 인생은 어떤 의미에서 최종 목적지에 도달하는 것보다 그곳에 이르는 과정이 중요할지도 모른다. 목표를 정하는 기존의 소원성취 같은 프로그램에서 뭔가가 빠진 듯한 느낌을 받게 되는 것도 그런 이유에서다. 인생의 여정을 만끽하자. 그것이 바로 당신이 태어난 최대의 목적일지도 모르니까.

'당신의 존재 의의'와 '꿈의 리스트'는 주변 사람의 그것과 닮은 '부분'이 있을지 몰라도 전체적으로는 세상에 단 하나뿐인 당신만의 것이다. 마음속에서 들려오는 직관의 소리에 귀를 기울이고 '당신의 존재 의의'를 길잡이 삼아 다른 누구의 것이 아닌 당신 자신의 소스, 세상에 단 하나밖에 존재하지 않는 '당신이라는 소스'를 적극 살려라. 세상에 존재하는 모든 사람들이 저마다 소스를 활용할 수 있다면 우리가 사는 이 사회는 더욱 기쁘고 살기 좋은 곳이 될 것이다. 그것이야말로 '진정한 사회 공헌'이 아닐까 싶다.

아주 작고 소박한 꿈까지 빠짐없이 실천하면서 당신에게 가장 어울리는 인생을 열정적으로 살아보고 싶지 않은가? 남의 눈을 의식하는 가식적인 삶에서 벗어나 소스의 길 위에 첫발을 내디뎌보자. 꿈꾸던 인생이 양팔을 벌려 당신을 기다리고 있다.

자, 그럼 활력 있는 인생을 향해 기적을 울리며 출발해보자.

이 책의 저자 마이크 맥매너스는 다발성 골수종이라는 희귀한 암에 걸려 1999년 3월 시애틀의 한 병원에서 사망했다. 먼저 세상을 떠난 부친과 마찬가지로 겨우 60대 중반의 나이였다. 나는 아버지와 함께 장례식에 참석했다. 장례식장은 모여든 사람들로 발 디딜 틈도 없이 꽉 차 있었고 그들 모두는 자신들의 인생에 크나큰 영향을 주었던 한 사람의 죽음을 진심으로 애도하고 있었다. 장례식장에는 마이크가 걸어온 생의 발자취를 기리는 사진과 많은 기념품들이 있었는데 농구공과 풋볼, 기차 모형, 〈게이브의 더티 블루스〉 앨범과 함께 《소스》 책과 워크북이 나란히 놓여 있었다.

장례식순을 적어 놓은 종이에는 '마이크의 인생을 기리며'라는 제목이 붙어 있었고 마이크가 달성한 것, 마이크가 사랑한 것과 사랑한 사람들의 리스트가 적혀 있었다. 많은 것을 이뤄내고 많은 사람을 사랑하고 많은 사람들에게서 사랑받고 또 인생을 열정적으로 살아온 마이크

---

* 이 글은 일본어판 옮긴이의 말이다. 이 책은 원래 일본의 'VOICE' 출판사에서 기획하여 마이크 맥매너스에게 저술을 의뢰한 것이며, 영문 원고를 일역하여 영문판과 거의 동시에 출간되었다.

의 모습을 엿볼 수 있었다. 그리고 그 아래에는 "모든 행동에는 애정이 실려 있어야 한다. 무엇을 바라고 남을 도와주면 진정한 행복을 맛볼 수 없다"라는 마이크가 생전에 남긴 말이 적혀 있었다.

소스 워크북 안에는 "죽기 전, 마지막으로 남기고 싶은 한마디는?"이란 질문이 있다. 10년도 훨씬 전에 직접 작성한 답변을 아내인 샤론이 읽어 내려갔다. 마이크는 사랑하는 가족과 친구들에게 감사의 말을 전한 뒤, 모든 사람들이 자신과 같이 활기찬 인생을 보낼 수 있는 평화로운 사회가 되길 바란다는 염원을 이야기했다. 그리고 마음의 평화 없이는 세계의 평화도 찾아올 수 없다고 호소했다.

이윽고 10여 명의 사람들이 차례로 연단에 올라가 마이크가 자신의 인생을 어떻게 바꿔주었는가를 말하기 시작했다. 소스의 졸업생들뿐 아니라 마이크가 코치로 있던 소년 야구부원 중 한 사람, 정치가로 활동하던 당시의 친구, 누이와 자녀들이 올라갔다. 그들이 기억하는 마이크는, 항상 살아 숨 쉬는 열정으로 사람들에게 꿈을 깨우쳐주고 용기를 북돋아주는 사람이었다. 암으로 극심한 고통을 겪으면서도 병상에 있었을 때조차 웃음을 잃지 않고 문병온 사람들에게 활력을 불어넣어 주는 사람이었다.

나는 4년 전쯤 아버지를 통해 마이크와 알게 되었다. 당시 아버지는 25년간 일해온 가구회사 영업 일을 그만두고 두세 군데의 직장을 거쳐 조그마한 소프트웨어 회사에 이제 막 적응해나가려는 시기였다. 마이크 맥매너스가 소스를 인터넷에서 판매해보고 싶다고 상담해왔을 때 상담자가 바로 우리 아버지였다. 마침 영업 일이 적성에 맞지 않아 그만두기는 했으나 딱히 무엇을 해야 할지 몰라 망설이고 있던 차였다. 그러기에 아버지는 소스에 대해 듣는 순간 '이거다' 하는 심정으로 세미나에 참석할 수 있었다.

소스 프로그램 덕분에 아버지는 음악에 대한 열정을 되찾아 20대에 그만둔 기타를 다시 연주하게 되었다. 그 전에도 마음이 안정되고 여유가 생기면 기타를 다시 잡으리라 생각하고 있었지만 소스 세미나에 참석하고 나서 기타를 치지 않으면 마음의 안정도 쉽지 않으리란 것을 깨달았다. 그 후 아버지는 개인 레슨을 받은 것이 계기가 되어 아마추어 록 밴드에 들어갔고 시민회관과 노인복지관에서 연주할 기회도 얻었다. 게다가 한번은 벼룩시장 광고를 보고 전부터 배우고 싶었던 전자 기타를 사러 갔을 때 그곳에서 우연히 집 근처 사람을 알게 되었고 그 사람의 추천으로 새로운 회사에 취직하게 되었다. 통근 시간 5분 거리에 있는 꽤 괜찮은 교육 소프트 회사였고 점심시간에 기타 연습을 해도 문제 될 것이 없는 회사였다. 이것이 소스가 말하는 '기적의 힘'이 아닐까 싶다. 좋아하는 것을 추구하다 보면 기회는 반드시 저편에서 다가온다.

아버지의 경우, 평생을 바칠 만한 일을 발견한 것은 아니었지만 하기 싫은 것은 하지 않아도 된다는 사고방식을 갖게 되면서 방황과 갈등이 줄어들고 스트레스도 거의 없어졌다. 가족들은 모두 매사에 신경질적이던 아버지가 언제나 싱글벙글하게 되어 집안 분위기가 몰라보게 좋아졌다고 입을 모은다.

나 자신은 좋아하는 번역 일을 하고 있었기 때문에 별로 문제 될 것이 없다고 생각했다. 하지만 소스를 접한 뒤 내가 일 말고는 취미 생활을 별로 못하고 살았다는 생각을 하게 되었다. 모던 댄스를 좋아했지만 몸이 내 마음대로 움직여주지 않는다는 핑계로 멀리하고 있었던 것이다. 그러나 소스에서는 좋아하는 대상을 꿈의 본질로 다시 한 번 분석

해보라고 가르친다. 그 생각에 힘입어 굳이 모던 댄스 학원을 찾는 대신 흥겨운 음악에 맞춰 몸을 자유롭게 움직여 보기로 했다. 지금은 틈틈이 5분에서 10분 정도 내 나름대로 춤을 춰보곤 한다. 잘 못 추는 춤이지만 마음속으로 자유롭게 상상의 나래를 펼치기 때문에 이렇게 움직이고 나면 해방감에 기분이 상쾌해진다.

소스의 특징은 좋아하는 것을 단순히 실천하는 데 그치지 않고 '전부, 동시에' 그것을 하라고 말하는 데 있다. 일에 보람을 느끼고 있어도 그 이외에 하는 것이 없다면 왠지 인생이 즐겁지 않다. 일에 스트레스가 있어서라기보다 일만 하는 스트레스라고 해야 옳겠다. 또 하나, 좋아하는 것을 하되 싫어하는 것은 하지 말아야 한다는 점도 특이할 만하다. 이것이 소스에서 말하는 '마이너스 인자'인데 즐거운 플러스 활동이 많아도 마이너스 활동이 비슷하게 많아지면 두 가지가 대립되어 결국 제로만 남기 때문이다.

이 책을 읽고 '세상 일이 생각처럼 잘될까?' '좋아하는 일만 하면서 살아도 정말 괜찮은 걸까?'하며 걱정하는 독자도 있을 것이다. 그런 사람에게는 무리하지 않는 범위 안에서 '작은 한 걸음'부터 내디뎌볼 것을 권한다. 우선 내키지 않는 의례적인 만남부터 거절해보자. 좋아하는 영화 한 편을 감상하고 혼자서 해변을 거닐어보는 것도 좋다. 어떤 것이든 상관없다. 관심은 많았지만 그동안 하지 못했던 일을 또 하나 시작하라. 전직을, 또는 사업을 하고 싶어도 행동으로 옮길 자신이 없다면 먼저 희망하는 직종의 사람들과 이야기하거나 그 회사의 주위를 맴돌아보자. 아주 조금이라도 상관없다. 스스로 무엇을 할 수 있을지 생각해 보라. 또 큰 종이에 좋아하는 대상의 사진을 붙이거나 자신의 소망을 그림으로 그려 잘 보이는 곳에 붙여두는 방법도 효과적이다. 잠재의식에 이미지를 그려 넣을 수 있기 때문이다. 어렸을 때와 학창 시절 그리고 20대 젊은 시절 등 지난 시간들을 돌이켜 자신이 어느 때 가장 반짝반짝 빛나고 있었던가를 떠올려보자. 밥 먹는 것도 잊고 뭔가에 몰두했던 적은 없는가? 그때 무엇을 하고 있었는가? 그 시절과 똑같을 수는 없더라도 그 꿈의 본질을 분석하면 현재의 생활에서 충분히 이어나갈 수 있을 것이다.

　마이크 맥매너스는 좋아하는 일만 하며 사는 삶이 제멋대로나 이기적이지만 않다면 결코 사치가 될 수 없다고 주장한다. 당신이 좋아하는 것은 당신다움을 형성하는 필수조건이기 때문에 그것을 실천하지 않는 한 당신은 완전한 '내'가 될 수 없다. 싫어하는 것을 하고 있으면 '나' 아닌 요소가 내 안에 들어와 자신의 진짜 모습을 찾을 수 없다고 소스 철학은 가르쳐준다. 저마다 취향이 다른 것도 하나의 이유가 될 것이다.

그렇다. 당신의 소망은 누구도 무시할 수 없는 소중한 것이다. 지금까지 인생을 '반드시 해야만 한다' '그렇게 하지 않으면 안 된다'라는 발상으로 살아온 우리들에게 '꼭 하고 싶다' '정말 하고 싶지 않다'라는 기준으로 생각을 전환하는 일이 조금은 두렵기도 하고 또 용기가 필요하기도 하다. 그러나 매일 똑같은 일상만 계속된다면 인생에 무슨 의미가 있을까 하고 조금이라도 회의를 느껴본 사람이라면 이 책을 길잡이로 '작은 한 걸음'을 내디뎌보라. 진정으로 좋아하는 일을 하면서 인생을 후회하는 사람은 아마 없을 테니까 말이다.

이 책의 일본어판이 나오기까지는 기타미 류이치 회장의 도움이 컸다. 직접 시애틀까지 가서 저자인 마이크 맥매너스와 만남을 가졌고 각별

한 애정으로 번역에도 귀중한 조언을 해주었다. 또 노고를 아끼지 않은 편집부 호리오 씨에게도 깊이 감사를 전한다.

　이 책을 읽고 자신의 개성을 살려 활기찬 인생을 보내는 사람이 한 명이라도 더 늘어난다면 번역자로서 더 이상 바랄 것이 없겠다. 끝으로 이 책의 저자 마이크 맥매너스의 명복을 빈다.

　　　　　　　　　　　　　　　　　　　　　　　　휴이 요코

독자를 먼저 생각하는 정직한 출판

시대의창이 **'좋은 원고'** 와 **'참신한 기획'** 을 찾습니다

쓰는 사람도 무엇을 쓰는지 모르고 쓰는
그런 '차원 높은(?)' 원고 말고
여기저기서 한 줌씩 뜯어다가 오려 붙인,
그런 '짜깁기' 원고 말고

마음의 창을 열고 읽으면
낡은 생각이 오래 묵은 껍질을 벗고 새롭게 열리는,
너와 나, 마침내 우리를 더불어 기쁘게 하는

땀으로 촉촉이 젖은 그런 정직한 원고,
그리고 그런 기획을 찾습니다.

시대의창은 모든 '정직한' 것들을 받들어 모십니다.

시대의창 분야 인문·정치·사회
WINDOW OF TIMES
서울시 마포구 연희로 19-1 (4층) (우)121-816
Tel : 335-6125 Fax : 325-5607 sidaebooks@hanmail.net